2bepublishing
2009

Erste Ausgabe Dezember 2009
Verlag: 2bepublishing - 2BE Gmbh

Autor: Tobias Killer
Layout und Design: Stefan Zinsbacher
Lektorat: Bernhard Edlmann

Made in Germany

Danke

Buch

In diesem Buch erfahren Sie (fast) alles, was Sie für Ihre finanzielle Zukunft wissen sollten.

Sie bekommen außerdem einige wertvolle Tipps, wie Sie Ihr Vermögen mit sicherer Rendite aufbauen, sich gegen existenzbedrohende Risiken rechzeitig absichern und wie Sie Ihr *„persönlicher Versicherungsfuzzi"* (Wer ist das eigentlich? Und wieso sind Versicherungen mehr als er?) bei finanziellen Angelegenheiten am besten beraten sollte.

Autor

Tobias Killer wurde 1982 in Tegernsee geboren und begann 2002 seine Ausbildung zum *„Spezialist für private Altersvorsorge"*. Nach erfolgreicher Prüfung zum *„Versicherungsfachmann (BWV)"* 2006 fing er zwei Jahre später zusätzlich ein Fernstudium zum *„Fachberater für Finanzdienstleistungen (IHK)"* an, das er voraussichtlich 2010 beenden wird.

Zu seinen Hauptaufgaben gehören heute professionelle Vermögens- und Versicherungsberatung anhand von ganzheitlichen Konzepten und die Analyse von Bereichen wie Finanzierung, Bausparen, Versicherungen, Kapitalanlagen und Vermögensbildung.

Hallo, Herr Killer

VERSICHERUNGEN SIND MEHR ALS NUR EIN FUZZI!!

Der kleine Ratgeber
von Tobias Killer

Inhaltsverzeichnis

Vorwort:

Versicherungen... ein (häufig) langweilig erscheinendes Thema, das bereits in so zahlreichen Büchern behandelt wurde wie Sand am Meer ... und alle lesen sie sich trocken, zäh und sind für den Laien meist nicht wirklich aufschlussreich. Und soll man sich ausgerechnet in der Zeit der Finanzkrise, wo jeder nur noch vom *„Betrug der Banker"* und vom *„Risiko Aktienanlage"* redet, mit so einem Thema befassen?! Gerade diese Ausgangslage empfand ich als Herausforderung und als Ansporn, dieses Buch zu schreiben: Zu wenig Information und das allgegenwärtige *„Versicherungschinesisch"* lassen heute viele den Durchblick verlieren. Aber das muss nicht sein: Als *„Versicherungsfuzzi"* (Erklärung s. u.) möchte ich Ihnen anhand von einigen interessanten Beispielen nicht nur die Komplexität von Versicherungs-produkten erklären, sondern Ihnen vor allem Tipps an die Hand geben, worauf Sie generell achten sollten, damit Sie Ihr Geld sinnvoll einsetzen und Ihre Risiken wirk-lich minimieren.

Der Bereich *„Versicherungen"* umfasst nämlich mittlerweile wesentlich mehr als nur die KFZ- oder Haftpflichtversicherung. Vielmehr geht es mittlerweile auch um die Vermeidung von existenzbedrohenden Risiken, um Gesundheit, Vorsorgever-sicherungen, Vermögensaufbau – bis hin zur Planung einer Eigentumsimmobilie. Allerdings werden Sie in diesem Buch nicht erfahren, wie Sie reich werden, ohne selbst dafür etwas zu tun – denn in diesem Fall würde ich Ihnen einfach raten, Lotto zu spielen, und könnte mir alle weiteren Kapitel sparen.

Jeder Mensch hat Träume – und auch Sie haben doch bestimmt konkrete Vorstel-lungen, wie Ihre Zukunft aussehen soll? Egal ob Sie noch in der Ausbildung sind oder kurz vor Renteneintritt: Zukunftsplanung ist immer ein wichtiges Thema. Die eigenen vier Wände? Ein neues Auto? Die Modernisierung Ihres Hauses? *„Träume sind Schäume"* – dieser Spruch muss bei Ihnen keineswegs zutreffen, denn (fast) je-der Traum ist prinzipiell realisierbar! Entscheidend ist Ihr Wille und ein vernünftiger Weg, der Sie an Ihr Ziel führt.

Dafür brauchen Sie aber entweder viel Zeit, um sich in die vielen Kniffligkeiten einzuarbeiten, oder einen vernünftigen Finanzberater, der Sie in jeder Lebenslage betreuen kann. Leider gibt es viele Leute, die sich *„Finanzberater"* nennen, aber in der Materie noch zu wenig Erfahrung haben oder mangels Fortbildung nicht auf dem aktuellen Informationsstand sind. Wobei hier seit 2007 schon einiges besser geworden ist, denn zu diesem Zeitpunkt hat der Gesetzgeber gewisse Mindestanforderungen an Qualifikation und persönlichen Status der Berater gestellt. Trotz allem müssen Sie aber darauf achten, ob Ihr *„persönlicher Finanzberater"* nicht vielleicht erst im zweiten Lehrjahr ist und von der Materie noch keine große Ahnung hat.

Der „Versicherungsfuzzi":
ein häufig unbeliebtes, meist in Südbayern anzutreffendes Wesen in Anzug und Krawatte, das gerne ab und zu auch als „Treppenterrier", „Klinkenputzer" oder „Versicherungsdandler" bezeichnet wird. Das alles andere als scheue Geschöpf kann manchmal sehr penetrant sein und überzeugt seine Beute häufig durch sein charmantes Wesen und umfangreiches Fachwissen. Sollten Sie allerdings einem noch nicht ausgelernten Exemplar begegnen, bewahren Sie Ruhe und warten auf den Versicherungsfuzzi Ihres Vertrauens.

Wie ausgefallen Versicherungen sein können, zeigt das Beispiel der Sängerin Jennifer Lopez: Sie *„hält nicht ihre Beine, sondern ihren Po für ihr Markenzeichen - und ließ ihn, laut der britischen Zeitung Guardian, gegen mögliche Unfälle, über deren genaues Zustandekommen zu spekulieren unstatthaft wäre, mit 250 Millionen Dollar versichern."* ...250 Millionen $!... Insgesamt hat sie ihren Körper für eine Milliarde Dollar versichert. *„Interessant ist in diesem Zusammenhang auch, dass der Po mit 250 Millionen Dollar Lopez 50 Millionen Dollar mehr wert ist als ihr Busen, für dessen Beschädigung oder Verlust sie nur 200 Millionen Dollar einstreichen würde. Ein Vergleich: Der Busen von Tina Turner ist - Risikofaktor Alter - nur über schlaffe 1,5 Millionen*  *Mark versichert"* (http://www.spiegel.de/panorama/0,1518,126272,00.html). *„Dass Körperteile bares Geld wert sind, wusste auch schon Betty Grable, Supermodel und in den vierziger Jahren höchstbezahlte Schauspielerin der Welt. Ihr Studio Twentieth Century Fox versicherte die Beine des Filmstars für eine Million Dollar. So wurde Grable, im Zweiten Weltkrieg Spind-Pin-Up zigtausender US-Soldaten, zum ‚girl with the Million Dollar Legs'"* (Mühlauer & Hagelüken, 2008).

Sie sehen also, man kann wirklich alles versichern! Allein am historischen Schauplatz der alten Versicherungsbörse „Lloyd's of London" konkurrieren über 85 verschiedene Anbieter, um die außergewöhnlichsten Risiken abzusichern, so z. B. auch die Finger von Rolling-Stones-Gitarrist Keith Richards. Große Bauprojekte wie den Eurotunnel von Calais (Frankreich) nach Dover (England), wo Milliarden investiert wurden, gäbe es nicht, wenn man sie nicht entsprechend versichern könnte. Aber so spezielle Dinge, wie sie bei der Lloyd's of London versichert werden, sind meist nicht unbedingt alltagstauglich – in diesem Buch wollen wir uns aber erst einmal mit den „Otto-normal-Versicherungen" beschäftigen.

Ohne Sie gleich mit zu viel Fachinformation geistig zu überfahren, möchte ich Sie nur ein wenig sensibel machen, dass ohne Versicherungen nichts auf dieser Welt funktionieren würde. Ein riesiger Konzern würde niemals 100.000 Mitarbeiter beschäftigen, Firmenwägen bereitstellen und Hallen und Büros für viele Millionen Dollar oder Euro bauen, wenn er sich nicht gegen Brand, Sturm, Unfälle, Naturkatastrophen und andere Risiken versichern könnte. Und kein vernünftiger Mensch würde ein Auto führen ohne KFZ-Haftpflichtversicherung. Stellen Sie sich vor, Sie verursachen einen Unfall mit mehreren Fahrzeugen und Personen kommen dabei auch noch zu Schaden. Dieses finanzielle Risiko will (und kann!) keine Person alleine tragen. Versicherungskonzerne, die täglich mit mehreren Milliarden Euro wirtschaften, sind dagegen genau für solche Vorhaben geschaffen.

Apropos mehrere Milliarden ... Wissen Sie eigentlich, dass für die TwinTowers nach dem 11. September 2001 eine milliardenschwere Versicherungssumme bezahlt wurde? Die beiden Gebäude, die bekanntlich mit zwei entführten Flugzeugen zum Einsturz gebracht wurden, waren mit 3,5 Milliarden Dollar versichert! Und genau diese Summe wurde auch ausbezahlt (vgl.: http://www.mosaik911.de/html/versicherungsbetrug_.html). Auch die unzähligen Schäden nach Naturkatastrophen, die in den letzten Jahren immer häufiger vorkommen, übernimmt leider auch nicht Petrus als Verantwortlicher höchstpersönlich, sondern die vielen Versicherungs- und Rückversicherungskonzerne, welche weltweit operieren! Dazu nur ein kurzer Rückblick ins Jahr 2008: „Weltweit kamen nach der Katastrophenbilanz mehr als 220.000 Menschen bei Naturkatastrophen ums Leben, der gesamtwirtschaftliche Schaden betrug rund 140 Milliarden Euro. Nur das Jahr 2005 mit dem Hurrikan ‚Katrina' in den USA und das Jahr 1995 mit dem Erdbeben im japanischen Kobe brachten nach den Zahlen der Münchner Rück höhere Schäden. *Der Klimawandel habe bereits eingesetzt und trage mit großer Wahrscheinlichkeit zu immer häufigeren Wetterextremen und dadurch bedingten Naturkatastrophen bei, resümierte der Konzern. Versichert waren von den Sachschäden in Höhe von 140 Milliarden Euro laut Münchner Rück nur 31,5 Milliarden Euro. Hurrikan ,Ike' in den USA sei aus Versicherungssicht mit 21 Milliarden Euro das teuerste Einzelereignis gewesen"* (vgl. Focus Money 3/2009, S. 86). Und genau daran erkennt man die enorm wichtige Rolle, die Versicherungen übernehmen, da jeder einzelne von uns direkt oder indirekt von ihnen abgesichert ist (oder zumindest sein sollte!).

Doch auch mit Schlagworten wie *„Riester", „Rürup", „Eichel"*, Lebensversicherung, Aktienfonds und, und, und werden wir uns im Kapitel Vermögensbildung beschäftigen. Ein wesentlicher Punkt ist die Finanzplanung. Wesentlich nicht nur für jeden Einzelnen, sondern auch für die Weltwirtschaft, denn jeder von uns übernimmt im volkswirtschaftlichen Kreislauf eine ganz wichtige Rolle. Nur weil wir Menschen - vereinfacht gesagt - unsere Rücklagen in irgendeiner Form, vom Sparbuch bis hin zu Anleihen, in Umlauf bringen, kann Rendite erzielt werden. Jede Privatperson, jede Firma und jede Aktiengesellschaft wirtschaftet und trägt dazu bei, dass es in Industrieländern wie Deutschland vorwärts geht. Und nur so kann sich auch unser eigenes Geld vermehren.

Doch nun kommen wir zum wesentlichen Punkt: der privaten Finanzplanung! „Financial Planning" gibt es in verschiedenen Formen: Ob Sie nun bei einem Makler, einem Mehrfachagenten oder Ihrem Versicherungsvertreter eine Analyse machen, spielt hierbei keine Rolle. Und wenn Sie sich in der Bank beraten, sollten Sie darauf achten, dass auch Ihr Berater dort Mindestanforderungen erfüllt und Schulungszertifikate vorweisen kann. Denn neben der kürzlichen Finanzkrise gibt es mit Sicherheit mehrere Gründe, weshalb eine aktuelle Umfrage des Meinungsinstituts FORSA zu folgendem Ergebnis kam:

Beratung durch Banken in Fragen privater Finanzprodukte erwünscht?

- Ja
- Nein

Quelle: Eichler J., 2009

Die Ursachen für das veränderte Verhalten sind leicht zu finden: Denn wie lange nimmt man sich heute schon Zeit für eine umfassende Beratung? In der Bank bekommen Sie pro Termin im Schnitt eine halbe Stunde Beratung – auch wenn zwei oder mehr Stunden nötig wären. Und auch Unabhängigkeit und Kompetenz der Berater ist nicht immer gegeben. Somit schwinden im Zusammenhang mit der Finanzkrise das Vertrauen und der Glaube an die Seriosität der Banken und weichen dem Gefühl, dass diese sich letztendlich nur bereichern wollen.

**Selbst die BILD-Zeitung zitierte kürzlich
einen Bericht des ZDF-Magazins WISO wie folgt:**

*„Haben die denn aus der Finanzkrise überhaupt nichts gelernt? Die meisten
Finanzberater von Banken und Sparkassen verschweigen weiter wichtige Risiken und beraten oft völlig am Bedarf ihrer Kunden vorbei!*

*Das ist das erschreckende Ergebnis einer umfangreichen Stichprobe, die der
Bundesverband der Verbraucherzentralen und die ZDF-Redaktion WISO er-
hoben haben: In 24 von 25 Fällen war die getestete Qualität der Beratung
unzureichend. Nur ein einziger Bankberater schaffte es, den persönlichen
finanziellen Hintergrund seines möglichen Kunden korrekt in die Überlegun-
gen einzubeziehen. Fazit von Arno Gottschalk, Finanzexperte der Verbrau-
cherzentrale Bremen: ‚Bestürzend!' Das Hauptproblem: Nach Angaben von
Bankmitarbeitern sollen dem Kunden vor allem Produkte verkauft werden, die
die eigene Unternehmensleitung gut findet – in der Regel deshalb, weil diese
Verträge gute Provisionen abwerfen. (…)"*

Quelle: „Bankberater fallen im Test schon wieder durch" (Bild-Bundesausgabe vom 30. Juni 2009, Seite 4)

Allgemein scheint das Vertrauen in die Banker stark nachgelassen zu haben, denn
mittlerweile haben auch eingeschworene Bankkunden feststellen müssen, dass oft
keine individuelle Beratung stattfindet, oder, wie ich aus persönlicher Quelle weiß,
sogar Kreditzusagen an den Abschluss einer Versicherung gebunden sind.

Gefragt sind eine solide fachliche Kompetenz, eine angemessene Beratungsintensi-
tät und -dauer, Kundenservice und eine ehrliche und leicht verständliche Beratung
mit einem umfassenden Konzept, welches die gesamte Lebensplanung berücksichtigt. Als erster Schritt soll daher nun auf die Finanzplanung eingegangen werden,
welche die Basis aller weiteren *„finanziellen Gedankenspielchen"* darstellt.

1. Finanzplanung

Kennen Sie eigentlich Ihre Ausgaben für Unterkunft, Telefon, Strom, Lebensmittel, ggf. Auto, Leasing, Versicherungen, Sparpläne, Kleidung und Freizeit? Ich will Sie jetzt nicht mit Ihren monatlichen Ausgaben langweilen ... Aber wenn Sie jetzt mehr als einmal keine Antwort parat hatten, brauchen Sie unbedingt einen Finanzplan. Denn genau hier beginnt das *„Financial Planning"* – der weiterführende Bereich, in dem Sie dann Ihre Wünsche und deren Realisierung präzise planen. Aber erst wenn Sie wissen, wie viel Sie pro Monat ausgeben dürfen, ohne zu RTL und Peter Zwegat (*„Raus aus den Schulden"*) gehen zu müssen, können Sie Ihre Lebensträume vernünftig realisieren.

Finanzplanung beginnt üblicherweise mit der Vorbereitungs- und Planungsphase bei dem Finanzberater Ihres Vertrauens. Diese Analysetechnik beginnt mit dem Datenaufnahmegespräch und erfasst in der Regel Ihre derzeitigen finanziellen Verhältnisse und Ihre Vermögensstruktur. Im Idealfall plant man dabei die optimale Lösung, um Ihre Wünsche und Ziele im Bereich der Vorsorge, der Geldanlage und der finanziellen Absicherung in Einklang zu bringen, basierend auf den Werten, die Ihnen wichtig erscheinen. Ob es nun der Sportwagen, die Weltreise, das eigene Häuschen oder Ihre Eigentumswohnung fürs Alter sein soll, bestimmen Sie. Durch die Empfehlungen, welche eine detaillierte Finanzanalyse am Ende als Ergebnis auswirft, können Sie Ihre kurz-, mittel- und langfristige Finanzstruktur optimal ausbauen. Am Ende sollte sich dann die Gelegenheit bieten, sich anhand des Ergebnisses mit demselben Berater weiter gehend über Lösungen und Produkte zu unterhalten und zu informieren. So erhalten Sie den vollen Mehrwert eines in sich abgestimmten Prozesses.

Analysen, Analysen, Analysen ... Dies ist wohl der letzte Schrei seit einigen Jahren. Natürlich, Analysen sind zweifelsohne wichtig und sinnvoll, aber Sie müssen gewisse Ansprüche erfüllen. Vor allem Vollständigkeit und Verständlichkeit! Für die Vollständigkeit ist es wichtig, dass die zu analysierende Person richtige und vollständige Angaben machen kann und macht. Ebenso muss natürlich auch der Berater seine Analyse perfekt beherrschen. Was die Verständlichkeit betrifft, ergeben sich weit mehr Probleme: Wann ist ein Analyseergebnis verständlich? Erst ab 5 Seiten? Nur bis 30 Seiten? Oder ist es nach der 100. Seite immer noch nicht detailliert genug?

Ich bin der Meinung, jeder muss selbst wissen, wie ausführlich und detailliert eine Finanzplanung sein soll. Wichtig ist nur, dass sie überhaupt gemacht wird. Ob Sie nun auf einer Seite zum ersten Mal sehen, wie Ihre finanzielle Planung zu Ihren Vorstellungen passt, oder ob Sie in einem 100-seitigen Dokument plötzlich ganz neue Ansätze für bestimmte Dinge entdecken, spielt dabei keine Rolle. Nur, machen Sie es! Packen Sie Ihre Ordner und lassen Sie sich von Ihrem Berater ein vernünftiges Konzept erstellen.

Aber wer ist denn der geeignete Berater? Nicht jeder Banker wird der richtige für Sie sein, nicht jeder „Finanzberater" wird Ihnen wirklich weiterhelfen können. Wählen Sie daher jemanden, bei dem Sie sich wirklich wohlfühlen, der seriös und zuverlässig erscheint. Denn schließlich sollten Sie Ihre Gesamtsituation offenlegen.

Ein optimaler Finanzberater kooperiert mit mehren Versicherungen, mindestens einer Bank, verschiedenen Investmentgesellschaften und einer Reihe von Dienstleistern aus der Region. Er agiert dabei außerdem als Interessenvertreter, indem er verschiedene Bedürfnisse koordiniert. Aufgrund der Komplexität der einzelnen Bausteine empfiehlt sich ein Berater, der nicht zu viele einzelne Versicherungsverträge und Bedingungswerke kennen muss, da jede Gesellschaft von den AVB (Allgemeinen Versicherungsbedingungen) abweichende BBR (Besondere Bedingungen und Risikobeschreibungen) in die Verträge einarbeitet. Auf Wunsch können Sie dann auch von einer regelmäßigen Überprüfung Ihrer Anlagen profitieren – mit entsprechenden Empfehlungen für zukünftige Anpassungen und Neuausrichtungen. Dabei kann es Ihnen passieren, dass Sie nach einer Finanzanalyse positive, aber auch negative Überraschungen erleben. Letztendlich können Sie aber mit einer konsequenten Umsetzung Ihrer individuellen Strategie Ihre Ziele besser planen, Vermögen kontrollierter aufbauen, Sie kennen Ihre Ausgabensituation besser und erzielen ein höheres Endvermögen.

Aber warum sollten Sie sich mit einem professionellen *„Vermögensarchitekten"* zusammensetzen und mit ihm stundenlang über Ihre Finanzen sprechen? Weil Sie daraus natürlich viele Vorteile erzielen:

- Professionelle Ordnung Ihrer gesamten Unterlagen
- Ihre finanzielle Situation wird analysiert, besprochen und verbessert
- Nicht das Produkt steht im Vordergrund, sondern Ihr Bedarf
- Ihr Vermögen wird sich nachhaltig vergrößern
- Risiken werden erfasst und abgesichert
- Sparpotenziale werden erkannt und realisiert
- Erfassung und Besprechung all Ihrer Sozialversicherungsdaten
- Analyse und Auswertung Ihrer kompletten Vorsorgesituation
- Auf jede Frage eine Antwort
- Langjährige Kooperation ermöglicht Vermögensaufbau
- Bereitstellung aktueller Informationen (Sozialversicherung, Kapitalanlagen)
- Strukturierung Ihrer Wunschgebiete – Sie entscheiden
- Ausführliche Erklärung aller Dokumente
- Konzeption von Lösungsansätzen
- Abstimmung ggf. auch mit Steuerberatern
- Erstellung eines individuellen Gesamtkonzepts

Im Wesentlichen geht es hier aber letztendlich um die Erfüllung Ihrer Zielvorstellungen. Ob es Ihnen nun wichtig ist, ein Jahr Weltreise zu machen, eine eigene Villa mit Pool zu besitzen oder *„einfach nur"* Vermögen für Ihr Alter oder eine Immobilie aufzubauen, liegt an Ihnen. Sie alleine bestimmen, wo es hingehen soll. Im Zentrum stehen ja schließlich Ihre Träume! Was haben Sie denn noch für Wünsche? Haben Sie sich den Traum von Ihren eigenen vier Wänden schon erfüllt? Denken Sie heute über den Kauf eines neuen Wagens nach? Steht die Modernisierung Ihres bestehenden Wohneigentums an? Möchten Sie für Ihre kleinen „Milchzahnterroristen" eine optimale Ausbildung sicherstellen? Wollten Sie nicht schon immer mal diese Weltreise machen? Wollen Sie früher in Rente gehen? Schon mit 60? Mit 63? Oder erst mit 65? Aber wissen Sie denn konkret, was Sie dafür tun können? Kennen Sie Ihre Ausgaben? Ihre Einnahmen? Kosten für Lebensmittel? Miete? Wagen? Im Folgenden möchte ich Ihnen an einer kurzen Geschichte verdeutlichen, wie Finanzplanung aussehen kann.

1.1 Die Geschichte von Familie Glück und Sabine Pech

Natürlich kann man ein „typisches Beispiel" einer Versicherungs- und Finanzplanung nicht pauschal darstellen, aber mit einer Familie und einer alleinstehenden Person lässt sich ein grober Einblick geben, wie man sich die Situation vorstellen könnte.

Nehmen wir Familie Glück, Herrn Hans und Frau Gudrun Glück und ihren Sohn Gustav. Hans arbeitet in einer großen Firma und kümmert sich um wichtige Arbeitsprozesse. Seine Frau verdient in ihrem Halbtagsjob im Büro Ihre Brötchen. Gustav geht noch zur Schule und kämpft sich durch die siebte Klasse, macht gerne Sport und möchte später auch einen guten Job wie sein Papa. Unsere Familie Glück wohnt in einem kleinen Häuschen am Stadtrand und braucht ein Auto, um sämtliche Besorgungen zu erledigen. Aus diesem Grund ist das Auto auf beide Ehepartner versichert. Die Wohngebäudeversicherung haben sie im Paket mit der Hausrat-, Haftpflicht- und Glasversicherung abgeschlossen, um hier etwas günstiger wegzukommen. Die Familienunfallversicherung ist ihnen sogar noch etwas wichtiger als die Berufsunfähigkeitsversicherung, und für ihr Alter sparen sie jeden Monat rund 250 €. Aus den Rentenbescheiden kennen wir die Höhe und das Eintrittsalter für Regelaltersrente und Erwerbsunfähigkeitsrente. Zusätzlich wissen wir, wann die Finanzierung für das Haus abgeschlossen sein sollte.

Gehen wir nun davon aus, unser Herr Glück hat Glück und verdient 30.000 € brutto im Jahr, das entspricht im Monat ungefähr 2.400 € plus Sondervergütungen wie Weihnachts- oder Urlaubsgeld. Seine Frau bekommt 800 € brutto, zusammen bleiben den beiden netto nach Steuern und Sozialabgaben am Ende jeden Monats somit knapp 2.300 €. Nun müssen wir davon Kosten für Miete (700 €), Nebenkosten (100 €), Auto und Benzin (200 €), Versicherungen (480 €), Telefon und Kommunikation (120 €) sowie Lebensmittel (300 €) abziehen, bleiben also noch 400 € für Urlaub, Schulgeld, Kleidung, Freizeit und Hobbys sowie gelegentliche größere Anschaffungen übrig. Die optimale Ausschöpfung Ihrer finanziellen Ressourcen ist der Sinn einer privaten Finanzplanung, nur wenn Sie alle einzelnen Parameter und Posten berücksichtigen, kommen Sie auf ein befriedigendes Gesamtergebnis.

Im Gegensatz zu unserer Familie Glück mit Kind nehmen wir nun Familie Dink. In einer „DINK"-Familie funktioniert Finanzplanung etwas anders, denn der Name bedeutet:

„Double Income, No Kids" (zweifaches Einkommen, keine Kinder).

Wenn beide Partner verdienen und keine Kinder haben, setzt man eventuell die Prioritäten anders. In Deutschland ist das inzwischen immer häufiger der Fall. Denn während eine Familie aus einem Land mit anderen Traditionen – der Familie mehr verpflichtend - mit drei oder vier Kindern spazieren geht, führt das deutsche Pärchen immer öfter nur noch den Hund Gassi. Kinder sind finanziell gesehen nun mal nicht umsonst, darüber muss man sich im Klaren sein. Dies ist wohl auch der Grund, warum wir in Deutschland einen rückläufigen Geburtentrend haben, was bekanntlich wiederum unseren Generationenvertrag in Gefahr bringt und zu weiteren Problemen in den gesetzlichen Sozialversicherungssystemen führt. Darauf kommen wir später noch zu sprechen.

In Deutschland gibt es auch immer mehr Singles. Vor allem in Großstädten setzt sich dieser Trend fort. Als Single hat man natürlich einen anderen Bedarf. Sabine Pech gehört zu dieser Gruppe. Alleinstehend lebt sie in ihrer Wohnung am Stadtrand. Sie verdient momentan 2.200 € brutto, und da sie nicht verheiratet ist, hat sie hohe Abzüge. Aber auch hier lässt sich eine Zukunftsplanung durchaus realisieren, wenn man die Entwicklung ein wenig zu steuern versteht. Bei der eigenen Finanz- und Versicherungspolitik sind in diesem Fall wieder andere Gesichtspunkte ausschlaggebend, da zum Beispiel die Absicherung im Todesfall meist (noch) nicht ganz so wichtig ist. Zuerst sollte der Fokus nämlich auf Kapitalbildung für eine Immobilie, als Grundstein für eine solide Altersrente oder für eigene Ziele gelegt werden. Sollte unsere Sabine im Alter von 45 Jahren beispielsweise nach Australien auswandern wollen, um dort eine Bed-and-Breakfast-Pension zu eröffnen, benötigt sie auch dafür Kapital. Sabine sieht allerdings in den vielfältigen Versicherungen keinen großen Sinn und will auch ihr hart verdientes Geld lieber für unnötige Dinge ausgeben, statt für irgendwann später zu sparen. *„Wer weiß, ob ich mit 60 noch lebe"*, sagt sie immer. Doch Pech für Sabine, sie wird, wie viele anderen Frauen auch, über 80 Jahre alt, aber das weiß sie jetzt noch nicht. Auf die einzelnen Geschichten, die ihr im Laufe des Lebens noch passieren können, wollen wir später näher eingehen.

1.2 Inflation? Inflation!

Ein bei Sabine, ebenso wie bei vielen anderen, sehr unbeliebtes Thema ist allerdings die Inflation. Jeder weiß, dass es sie gibt, aber keiner will es wahrhaben. Was haben denn vor 20 Jahren drei Semmeln gekostet? 30 Pfennig? Heute kostet eine schon rund 50 Cent! Erinnern Sie sich noch an die Benzinpreise vor 10 oder 20 Jahren? Oder was hat denn Ihre Tageszeitung vor 25 Jahren gekostet? 25 Pfennig? Nicht nur der Euro hat das Leben verteuert, Inflation ist ein Prozess, der uns ständig begleitet, Jahr für Jahr. Wir erfahren dafür auch jährlich die prozentualen Veränderungen, allerdings entsprechen nicht alle der tatsächlichen Inflation, wie sie uns als Verbrauchern begegnet. Die Inflation ist ein Prozess anhaltender Preisniveausteigerungen mit teilweise negativen Folgen für eine Volkswirtschaft. Inflation bedeutet Kaufkraft- beziehungsweise Geldwertverlust. Steigt das Preisniveau, dann erhält man je Geldeinheit weniger Güter.

Aber was bedeutet das nun für jeden Einzelnen?

Den Prozess der Preissteigerung können Sie nun in die Zukunft projizieren. Was denken Sie, wie hoch sind Ihre Miet- und Nebenkosten in 30 Jahren, wenn Sie in Rente gehen? Mit Sicherheit höher als heute. Und die Benzinkosten, Lebensmittel und andere Dinge werden sich preislich auch verändern, nur die wenigsten zum Positiven. Stellen Sie sich vor, Ihre Sonntagssemmel kostet in 20 Jahren dann 1,20 €, Sie wollen aber, wie jeden Sonntag, für Ihre Familie 8 Semmeln kaufen. Sollten Sie bis dahin schon Rentner sein (ich wünsche es Ihnen, denn in 40 Jahren kostet eine Semmel schon 1,80 €), müssen Sie sich genauso auf weiter steigende Preise einstellen.

Anhand der unten stehenden Tabelle sehen Sie, wie sich die Inflation auf die Höhe Ihrer Rente auswirkt.

Nehmen wir an, Sie möchten als Rentner 2.000 € Kaufkraft zur Verfügung haben. Je weniger Zeit vergeht bis zu Ihrer Rente, desto weniger spüren Sie die Preisniveausteigerungen.

Inflation in % und Jahre	1%	1,5%	2%	2,5%
10	2.209 €	2.321 €	**2.437 €**	2.560 €
20	2.440 €	2.693 €	**2.971 €**	3.277 €
30	2.695 €	3.126 €	**3.622 €**	4.195 €
40	2.977 €	3.628 €	**4.416 €**	5.370 €

Aber wie hoch ist eigentlich die Inflation bei uns in Deutschland beziehungsweise im Euroraum tatsächlich?

2007 hatten wir eine Inflationsrate von 2,3 % und ein Jahr später von 2,6 %. Für die kommenden Jahre nach 2009 wird dieser Wert eher höher ausfallen (Quelle: Statistisches Bundesamt), der Finanzkrise sei Dank. Zwischen 1992 und 2008 haben wir in Deutschland eine Inflationsrate von durchschnittlich 2,03% gehabt. In den Jahren davor fiel die Inflation teilweise sogar noch deutlich höher aus. Generell berücksichtigt die ermittelte Inflationsrate aber nicht die Bedürfnisse des Einzelnen, sondern gibt nur einen Überblick über verschiedene Güter, von denen nicht alle täglich erworben werden. Erst kürzlich beispielsweise wurden Disketten und Schreibmaschinen aus dem sogenannten „Warenkorb" entfernt. Mit dessen Hilfe wird der Index der Verbraucherpreise ermittelt. Er umfasst 750 Güter, somit ist jeder Verbraucher anders von den Preissteigerungen betroffen. Gleichzeitig werden zwar Dinge wie Kühlschränke, Fernseher etc. günstiger, allerdings sind dies auch keine jährlichen Anschaffungen.

Wer heute also 25 Jahre jung ist und später als Rentner auch 2.000 € Kaufkraft besitzen möchte, muss – egal ob es ihm nun auf den ersten Blick gefällt oder nicht – mit seinen sämtlichen Renten und Ersparnissen auf monatlich 4.416 € kommen (bei 2,0 % Inflation). Dabei muss man auch bedenken, dass sich die gesetzliche Rente nur minimal erhöht. *„Von 1978 bis 2002 hat sich sowohl das Brutto- als auch das Netto-Rentenniveau vor Steuern schrittweise verringert. 2002 lag das Brutto-Rentenniveau bei rund 48 Prozent eines Durchschnittseinkommens, das Netto-Rentenniveau bei rund 53 Prozent. Nach den Vorausberechnungen der Bundesregierung wird der Abwärtstrend des Rentenniveaus anhalten: Im Jahr 2018 dürfte dann das Brutto-Rentenniveau nur noch bei 42,4 Prozent und das Netto-Rentenniveau vor Steuern bei 46,5 Prozent liegen. Hintergrund für die Verschlechterung des Rentenniveaus sind vor allem die Maßnahmen, die in den letzten Jahren im Rahmen der mehrfachen Rentenreformgesetze eingeleitet wurden: Um die Rente finanzierbar zu halten, erfolgt die Rentenanpassung an die Einkommensentwicklung der Verdienenden nur noch begrenzt. Die Folge sind wachsende Versorgungslücken im Alter"* (Verband Deutscher Rentenversicherungsträger: http://www.bpb.de/wissen/G46JLT,0,Entwicklung_des_Rentenniveaus.html).

Das ist nun Pech für unsere Sabine, denn wie soll man es schaffen, sich innerhalb von 40 Jahren eine Gesamtrente von knapp 4.500 € nominal zu sparen? Wichtig ist in dieser Situation, jetzt nicht zu verzweifeln, sondern endlich anzufangen, etwas zur Seite zu legen. Ein oft gehörter Tipp besagt, man sollte 10 % von seinem Bruttoeinkommen sparen beziehungsweise für Versicherungen verwenden. Bei Sabine wären das im Monat 220 €, damit kann sie sich schon eine passable Rente aufbauen, trotz Inflation. Ihnen sollte dabei bewusst sein, dass wir uns bei unserer Lebensplanung mit dem Thema Inflation befassen müssen, da die Vergangenheit bereits zeigte, dass Geld im Laufe der Zeit weniger wert ist. Selbst die Sicherungsmaßnahmen der Europäischen Zentralbank, welche die Geldmengen im Euroraum steuert, können die steigenden Inflationsraten nicht gänzlich verhindern.

1.3 Der erste Finanzplan

Bevor Sie sich jetzt zusammen mit einem Experten an den Tisch setzen, um Ihre persönliche, individuelle Situation heute und in Zukunft zu erfassen, sollten Sie sich zuerst über Ihre monatlichen Einkünfte und Ihre sämtlichen monatlichen Ausgaben bewusst werden. Sollten Sie sich darüber noch keine großen Gedanken gemacht haben, hilft Ihnen vielleicht der *„erste Finanzplan"*, der Anfang einer eigenen Vermögensbilanz. Diesen erstellen Sie am besten zusammen mit Ihrem Fachmann, da hier wirklich jeder Stein umgedreht werden muss und alle Sach- und Geldwerte erfasst werden sollten.

Aber wie muss denn nun überhaupt der erste Finanzplan aussehen? Wann sollten Sie diesen erstellen?

Wenn Sie bereits wissen, wie hoch Ihr Monatsbudget sein muss, damit Sie Ihre Immobilie, Lebensmittel, Ihr Auto, Versicherungen, Sparpläne, Telefon und Ihre Freizeit bezahlen können, dann können Sie dieses Kapitel unter Umständen überspringen. Sollten Sie aber regelmäßig *„am Ende des Geldes noch Monat übrig haben"*, interessiert es Sie vielleicht, wie man einen ersten Einstieg in das Thema *„Finanzplanung"* macht.

Dafür sollten Sie sich folgende Tabelle ansehen, genau, präzise und ohne zu schummeln (!) für sich selbst ausfüllen.

Finanzplanung leicht gemacht

Mtl. Einnahmen	€	Mtl. Ausgaben	€
Monatlicher Lohn 1		Miete, Immo-Finanzierung	
Monatlicher Lohn 2		Nebenkosten	
Kindergeld		Benzin, Auto	
Mieteinnahmen		Versicherungen	
Zinsen		Sparpläne, Bausparer	
Sonstige		Telefon, Internet	
		Lebensmittel	
		Urlaub	
		Freizeit, Hobby	
		Spenden	
		Schulgeld	
		Sonstige	
Rücklagen/Reserven		Kreditkarte offen	
Gesamt:		Gesamt:	

Wenn Sie nun auf der linken Seite eine ähnliche Zahl stehen haben wie auf der rechten, sind Sie mit Ihrer Finanzplanung auf einem guten Weg. Wenn nicht, sollten Sie darüber nachdenken, etwas an dieser Situation zu ändern.

In meinen mittlerweile fast 3000 Beratungsgesprächen habe ich leider immer wieder feststellen müssen, dass viele Menschen, vor allem jüngere Berufsstarter, sehr oft etwas unbedacht an die Sache herangehen. Natürlich hat man mit Anfang 20 etwas anderes im Kopf als Altersvorsorge, aber mit Mitte 50 das Sparen anzufangen, ist wohl auch etwas zu spät. Aus diesem Grund sollten Sie Ihr ganzes Leben lang in der Lage sein, Ihre persönliche Finanzplanung zu optimieren. Denn wer kennt nicht den Spruch: *„Ohne Moos nix los!"*

Wenn Sie nun alle 3 bis 5 Jahre Ihre einmalig erstellte professionelle Analyse aktualisieren, haben Sie immer einen Überblick über folgende Finanzbausteine:

1. Gesetzliche Sozialversicherungsdaten
2. Krankenversicherungsdaten
3. Rentendaten
4. Risikoabsicherungen
5. Einkünfte aus Lebens-, Rentenversicherungen, Sparpläne, Riester, Rürup, Betriebliche Altersvorsorge, UBR, Aktien, Mieten, etc.
6. Abgeltungssteuerfreie Rentenprodukte
7. Immobilienanalytik, Bausparen

In einer Finanzanalyse werden nun all Ihre Anliegen und Vorstellungen behandelt und besprochen, welche Absicherungen und Vorsorgemöglichkeiten Sie ausnützen wollen. Nur so können Sie sicherstellen, dass alles so läuft, wie Sie es sich vorstellen. Haben Sie allerdings Ihre fünf bestehenden Versicherungen bei fünf verschiedenen Gesellschaften, weiß keiner, was der andere getan hat. Nur wenn Sie sich einmal die Mühe machen und alle Unterlagen wälzen, um ein Gesamtkonzept erstellen zu lassen, müssen Sie künftig bloß noch selten Veränderungen vornehmen lassen. Und nur so ist eine optimale und langfristige Rundumbetreuung gewährleistet.

Sollten Sie jetzt eine tief gehende Abneigung verspüren, all Ihre Unterlagen zu sortieren, die Ordner zu wälzen und festzustellen, dass eventuell noch wichtige Dokumente fehlen oder Policen von alten Lebensversicherungen beim letzten Umzug verloren gegangen sind, dann sollte Ihr Finanzberater Ihnen auch dabei helfen. Gute Berater bieten Ihnen eine kostenlose Prüfung und Ordnung Ihrer Unterlagen an. Ansonsten kann es Ihnen passieren, dass Sie Risiken und Chancen ungeachtet liegen lassen beziehungsweise nicht die Versicherungen besitzen, mit denen eine optimale Absicherung gewährleistet ist.

2. Versicherungen

„Scheiß Versicherung!" Haben Sie das nicht auch schon mal gehört oder gedacht? – Ich arbeite jetzt seit 8 Jahren im Außendienst und habe schon über 3000 Mandanten besucht. Was denken Sie, wie oft mir dieser Satz schon begegnet ist? Oder Aussagen wie: *„Die haben damals nicht bezahlt!"* – *„Wenn man sie einmal braucht, zahlen sie eh nicht!"* – *„Wofür brauche ich denn überhaupt die Versicherung?!"* und, und, und ...

Wenn wir in diesem Kapitel vom Thema Versicherung sprechen, wollen wir allerdings nicht von negativen Vorurteilen sprechen (denn meist gibt es einen sehr einfachen Grund, weshalb ein Schaden nicht bezahlt wird: falsch versichert, mangelnde Kenntnisse oder der Wunsch, möglichst billig versichert zu sein und trotzdem alle Leistungen zu bekommen), sondern rein auf die Risikoabsicherungen eingehen: Welche brauche ich? Wann brauche ich sie? Und was könnte mir schon passieren? Stellen Sie sich vor, Sabine Pech fährt mit dem Motorrad durch die sonnige Landschaft und will überholen, ein entgegenkommendes Auto hat sie dabei leider übersehen ... Hat sie ihr Motorrad versichert? Sind, falls sie stirbt, ihre Hinterbliebenen auch genug abgesichert? Wer bezahlt die Bergungskosten? Wovon kann sie sich nach einem Unfall eine künstliche Prothese leisten? Was ist, wenn sie danach ihren Beruf nicht mehr ausüben kann?

Oder denken Sie an sich: Sollten Sie selbst kein Motorrad fahren, dann besitzen Sie bestimmt ein Auto. Wussten Sie, dass alle 9 Sekunden in Deutschland ein Unfall passiert, circa 3,5 Millionen – 3.500.000 – pro Jahr. Denken Sie, dass Versicherungen jährlich zig Milliarden Euro Invaliditätsleistung an Menschen ausbezahlen, die nur auf einen Unfall gewartet haben? Mit Sicherheit nicht, denn so etwas wünscht man keinem!!! Ich will nicht, dass Sie Versicherungen sexy finden, aber versuchen Sie doch mal die Schönheit des *„Abgesichertseins"* zu entdecken. Denn hierbei kommen wir unweigerlich auf ein ganz zentrales Thema:

2.1 Die drei „wichtigsten Versicherungen"

1. Privathaftpflichtversicherung (PHV)
2. Unfallversicherung (UV)
3. Berufsunfähigkeitsversicherung (BU)

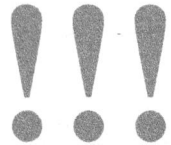

Was Sie auf jeden Fall in Ihren Ordnern haben sollten, sind die *„drei wichtigsten Versicherungen"*. Denn wenn Sie diese nicht haben, dann kann das im schlimmsten Fall Ihre Existenz kosten. Vermögensbildung an sich beginnt somit zu allererst mit der Absicherung Ihrer eigenen biometrischen Risiken (unkalkulierbare Versicherungsrisiken das menschliche Leben betreffend), bevor Sie sich weiteren wichtigen Versicherungen zuwenden (siehe Kap. 2.2).

> *„Eine Versicherung ist etwas, das man eigentlich nie brauchen müssen möchte, aber doch einfach wollen muss, weil man sie immer brauchen tun könnte."*
>
> **Karl Valentin**

Nicht nur die Verbraucherschützer, die Presse, Zeitungen und Fachliteratur sprechen davon, eigentlich weiß es mittlerweile jedes Kind: Die drei essenziell wichtigen Risiken, die Ihre Existenz nachhaltig bedrohen, können Sie so effektiv absichern! Aber glauben Sie mir eins: Sie können wirklich froh sein, wenn Sie keine davon jemals in Anspruch nehmen müssen. Wenn Sie mich fragen, finde ich persönlich immer die Aussage *„Meine Unfallversicherung habe ich 20 Jahre nicht gebraucht!"* am besten. Denn was nützt Ihnen das ganze Geld von der Versicherung, wenn Sie körperlich im A… sind!

Privathaftpflichtversicherung (PHV)

Die wichtigste Versicherung stellt für Sie als Privatperson die Privathaftpflicht-versicherung dar. Dabei
unterscheidet man Familien-, Partner-, Senioren-
und Singlehaftpflichtversicherung. Diese haben
verschiedenen Umfang und verschiedene Leistungen und kosten – je nachdem – durchschnittlich
zwischen 45 € bis 140 €. Eine Privathaftpflichtversicherung ist deshalb so wichtig, da kleine Unacht-
samkeiten, Leichtsinn oder schlicht Vergesslichkeit
bereits einen beachtlichen Schaden entstehen lassen
können. So kommen bei Personenschäden schell
bis zu einer Million Euro und mehr zusammen, die
Sie dann laut § 823 BGB in voller Höhe ersetzen
müssen. Das kann im Extremfall lebenslange Rentenzahlungen an Geschädigte zur
Folge haben. Aber wer will schon sein Leben lang für eine kleine Unachtsamkeit bezahlen? Damit Sie daher nicht mit Ihrem eigenem Vermögen und Ihrem zukünftigen
Einkommen haften müssen, ist eine Absicherung für jeden dringend zu empfehlen!
Entscheidend ist im Bereich Haftpflicht immer BGB § 823 Schadensersatzpflicht:

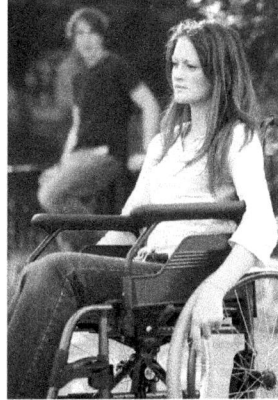

„Wer vorsätzlich oder fahrlässig das Leben, den Körper, die Gesundheit, die Freiheit,
das Eigentum oder ein sonstiges Recht eines anderen widerrechtlich verletzt, ist
dem anderen zum Ersatz des daraus entstehenden Schadens in voller Höhe ver-
pflichtet.“

Nehmen wir, um bei unserer Geschichte zu bleiben, unseren kleinen Gustav Glück.
Jungs wie er spielen gerne Fußball, aber nicht immer ist ein Schaden so harmlos
wie eine vom Fußball zerschossene Fensterscheibe. Im schlimmsten Fall kann er
so hoch sein, dass die wirtschaftliche Existenz des Verursachers infrage steht. Denn
wenn festgestellt wird, dass Sie für den Schaden verantwortlich sind, müssen Sie für
ihn in ganzer Höhe einstehen. Dazu gehören bei einem Sachschaden die Kosten
der Wiederherstellung oder der Ersatz der beschädigten Gegenstände. Folgeschäden wie etwa ein Nutzungsausfall sind ebenfalls inbegriffen. Sind Personen verletzt,
fallen zusätzlich Behandlungskosten und Verdienstausfall an. Oft hat der Verletzte

Anspruch auf Schmerzensgeld, was zumeist vor Gericht verhandelt wird. Bei bleibenden Schäden als Folge eines Unfalls, kann auch eine lebenslange Rente fällig werden. Dann wird es richtig teuer. Der Verursacher haftet mit seinem gesamten Vermögen, mit Haus- und Grundbesitz, mit seinem gesamten Bankguthaben und zukünftigem Lohn und Gehalt. Sogar auf eine spätere Erbschaft oder einen Lottogewinn kann zugegriffen werden. Hätten Sie das gewusst?

Die private Haftpflichtversicherung übernimmt im Schadensfall nun folgende Aufgaben:

- Sie prüft, ob und in welcher Höhe eine Verpflichtung zum Schadensersatz besteht,
- zahlt den Schadensersatz, die Wiedergutmachung in Geld, wenn der Anspruch begründet ist,
- und wehrt unbegründete Schadensersatzansprüche ab.

Kommt es darüber hinaus auch zum Rechtsstreit mit dem Geschädigten, führt der Haftpflichtversicherer den Prozess und trägt hierfür dann auch die Kosten.
Die Haftpflichtversicherung bietet also auch eine Art Rechtsschutz bei unberechtigten Haftungsansprüchen und ergänzt insofern die Rechtsschutzversicherung.

Wann bin ich denn eigentlich nun versichert?

... als Fußgänger, Radfahrer, Skater

Viele Tausend Menschen kommen Jahr für Jahr im Straßenverkehr zu Schaden. Öfter noch entsteht bei einem Crash beträchtlicher Sachschaden. Nicht selten sind es Radfahrer, Fußgänger oder Skater, die Unfälle verursachen. Ein folgenschweres Unglück ist schnell passiert: Wer hat nicht schon einmal in Eile trotz roter Ampel die Straße überquert, um den Bus noch zu erreichen.

Unsere Sabine Pech geht zum Beispiel gerne skaten. Eines Tages war sie allerdings etwas gedankenverloren auf der Straße unterwegs und jagte ohne zu bremsen über die Kreuzung: Ein Auto musste ausweichen und beschädigte mehrere geparkte Fahrzeuge. Das war ein teurer Spaß, denn unsere Sabine hält ja nichts von Versicherungen! Allerdings hätte eine Privathaftpflichtversicherung ihr in diesem Fall geholfen.

Denn die Privathaftpflichtversicherung schützt vor Haftungsrisiken als Fußgänger, Radler, Rollschuh- oder Skateboardfahrer. Sobald Sie allerdings in einem Auto sitzen und einen Schaden verursachen, sind wir bereits im Bereich der KFZ-Haftpflichtversicherung, die später noch genauer erläutert werden soll.

... beim Sport

Beim Fußballspiel ist schon so mancher Ball nicht im Netz, sondern in der Fensterscheibe des Geschäfts nebenan oder in der Windschutzscheibe eines Autos gelandet.

Oder auch beim Skifahren bringt so mancher Flachländer, der die Pistenregeln noch nicht so gut kennt oder sein Können überschätzt, andere in Gefahr. Bricht sich nun ein Skifahrer durch Leichtsinn oder Unvermögen eines anderen ein Bein, muss dieser gegebenenfalls für Bergungskosten, Krankenhausbehandlung und Verdienstausfall aufkommen. Erinnern Sie sich noch an den Unfall von Thüringens Regierungschef Dieter Althaus? In diesem Fall springt in der Regel die private Haftpflichtversicherung ein und deckt diese Kosten.

... als aufsichtspflichtige Eltern minderjähriger Kinder

Wenn Ihre fünf Jahre alte Tochter mit dem auf dem Wohnzimmertisch abgelegten Feuerzeug spielt und dabei ein Feuer entfacht, das Mehrfamilienhaus niederbrennt und zwei Nachbarn schwer verletzt werden, wird die Gebäudeversicherung des Hauseigentümers die Eltern des zündelnden Kindes vermutlich in Regress nehmen. Auch hier ist es notwendig, dass Sie mit einer Privathaftpflichtversicherung abgesichert sind, die für die Kosten aufkommt.

... im Ausland

Die private Haftpflichtversicherung gilt weltweit. Wer im Urlaub, im Ferienhaus oder während eines Besuchs im Ausland einen Haftpflichtschaden verursacht, kann sich auch hiergegen versichern. Davon kann beispielsweise auch der mitversicherte Sohn profitieren, der sich als Austauschschüler im Ausland aufhält oder dort studiert. Voraussetzung ist in der Regel jedoch, dass der Auslandsaufenthalt nicht länger als ein Jahr dauert. Bei längerer Abwesenheit müssen gegebenenfalls besondere Vereinbarungen mit dem Haftpflichtversicherer getroffen werden.

... in Haus und Wohnung

Ein Mieter ist durch die Privathaftpflichtversicherung auch vor Schäden geschützt, die von Wohnung oder Haus ausgehen. Das Gleiche gilt für den Eigentümer eines Einfamilienhauses, sofern er es selbst bewohnt. Für die Schnee- und Eisbeseitigung und die Reinigung der Gehwege sind in der Regel die Eigentümer der anliegenden Grundstücke verantwortlich. Diese Pflicht wird oftmals per Mietvertrag auf die Mieter übertragen, die dann gegebenenfalls bei entsprechenden Wetterverhältnissen turnusmäßig den Bürgersteig und die Wege auf dem Grundstück von Schnee und Eis zu befreien haben. Versäumt ein Mieter, rechtzeitig zu streuen und Schnee zu räumen, muss er haften, wenn beispielsweise eine Passantin stürzt und sich verletzt. Noch größer sind die Gefahren, die von einem Einfamilienhaus ausgehen, denn der Mieter oder Eigentümer ist verantwortlich für den Zustand des Hauses. Verletzt sich beispielsweise ein Fußgänger, weil sich ein Ziegel vom Dach löst, wird dem Eigentümer vorgeworfen, seine Verkehrssicherungspflicht verletzt zu haben.

Verdeutlichen wir die Notwendigkeit einer Privathaftpflichtversicherung an einem weiteren Beispiel. Nehmen wir eine Familie mit zwei Kindern, die am Sonntag zu Besuch bei Freunden ist. Die Kinder spielen im Nebenzimmer und ruinieren dabei den Teppich. Wäre es nicht angenehm, wenn dieser Schaden von der Privathaftpflichtversicherung bezahlt werden würde? Dazu müssen Sie darauf achten, dass Sie in Ihrer Police eine Klausel haben, nach der Schäden von deliktunfähigen Kindern im Alter bis zu sieben Jahren abweichend von den Allgemeinen Versicherungsbedingungen in den *„Besonderen Bedingungen und Risikobeschreibungen"* wieder in den Versicherungsschutz eingeschlossen sind (am besten bis zu einer Schadenhöhe von mindestens 5.000 €)! Kinder sind grundsätzlich über die Familienhaftpflicht versichert, solange sie nicht volljährig sind. Mit einer Heirat endet der Versicherungsschutz der Familienhaftpflicht für Tochter oder Sohn. Solange das Kind aber zur Schule geht, eine Berufsausbildung macht oder studiert, ist es meist unabhängig von seinem Alter weiterhin über die Eltern haftpflichtversichert (ein Höchstalter ist meist vorgesehen mit 23 bis 30 Jahren). Dies gilt auch, wenn einer Lehre unmittelbar ein Studium folgt, und für die üblichen Wartezeiten zwischen den Ausbildungsabschnitten. Für Rechtsreferendare und Lehramtsanwärter endet der Versicherungsschutz in der Regel mit dem Ersten Staatsexamen. Muss der Sohn vor oder nach der Berufsausbildung oder während dieser Zeit zur Bundeswehr oder Zivildienst leisten, bleibt der Versicherungsschutz über die private Haftpflichtversicherung der Eltern bestehen. Folgende Übersicht gibt einen allgemeinen Einblick:

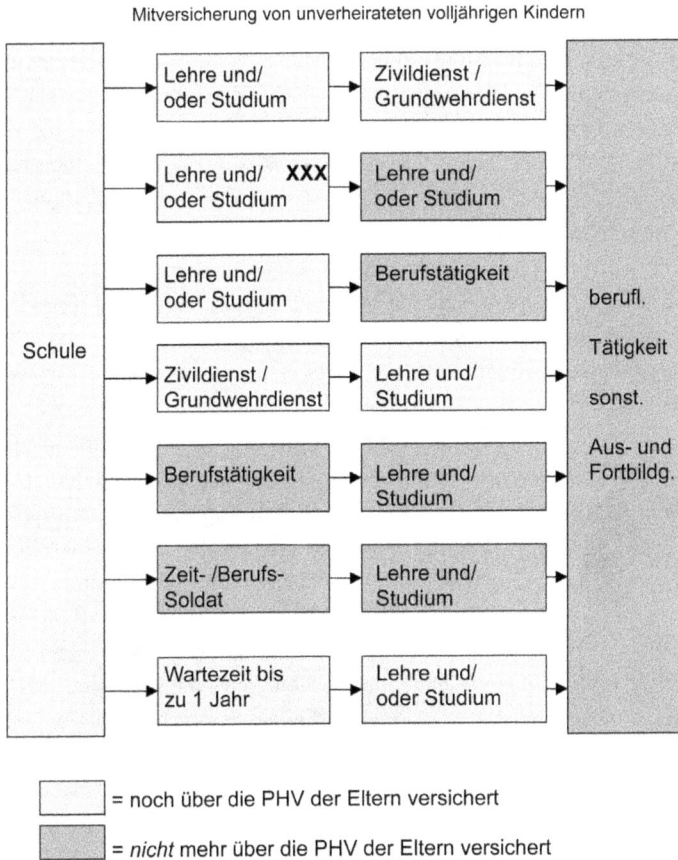

Mitversicherung von unverheirateten volljährigen Kindern

	Lehre und/ oder Studium → Zivildienst / Grundwehrdienst	
	Lehre und/ **XXX** oder Studium → Lehre und/ oder Studium	
	Lehre und/ oder Studium → Berufstätigkeit	berufl.
Schule	Zivildienst / Grundwehrdienst → Lehre und/ Studium	Tätigkeit sonst.
	Berufstätigkeit → Lehre und/ Studium	Aus- und Fortbildg.
	Zeit- /Berufs- Soldat → Lehre und/ Studium	
	Wartezeit bis zu 1 Jahr → Lehre und/ oder Studium	

☐ = noch über die PHV der Eltern versichert

▨ = *nicht* mehr über die PHV der Eltern versichert

XXX Gilt nur bei abgeschlossener Lehre oder Studium

Hinweis: Manche Gesellschaften bieten die Möglichkeit an, daß durch
einen Beitragszuschlag volljährige und unverheiratete Kinder
(mit abgeschlossener Berufsausbildung) und / oder auch
alleinstehende Eltern bzw. Elternteile mitversichert werden
können. Voraussetzung ist auf jeden Fall immer das eine
häusliche Gemeinschaft vorliegt.

Nehmen wir ein weiteres Beispiel aus dem Alltag: Jeder hat schon mal eine fremde Jacke an die Garderobe gehängt, in der sich wertvolle Gegenstände wie Handy, Digitalkamera, MP3-Player oder PDA befanden. Gehen solche technischen Geräte zu Bruch, ist ein Schaden von 1.000 € schnell erreicht.

Oder haben Sie es vielleicht mitbekommen, dass der Huber-Hans Folgendes erzählt hat: Als er dem Alois beim Umzug geholfen hat, ging der neue Fernseher beim Transport kaputt. Und stellen Sie sich vor: Seine Versicherung wollte mal wieder nicht bezahlen. 1.000 € Schaden, und die sagen, das war eine Gefälligkeitshandlung. Ja, hat denn dem Hans keiner erzählt, dass er Gefälligkeitshandlungen nur separat mit einschließen kann?

Häufig sind natürlich kleinere Schäden bis zu einem gewissen Limit für jeden aus der Portokasse bezahlbar, aber es kann manchmal vorkommen, dass man dafür eine sehr große Portokasse benötigt. Beispiele gibt es viele, aber richtig drastisch wird es bei Personenschäden.

Was wäre denn zum Beispiel, wenn jemand anderes Sie betrunken mit seinem Fahrrad anfährt und Sie fallen auf den Boden, mit dem Kopf an die Bordsteinkante? Zu allem Überfluss erleiden Sie dabei einen bleibenden körperlichen Schaden! Brav wie Sie sind, haben Sie natürlich eine Privathaftpflichtversicherung abgeschlossen, nachdem Sie dieses Kapitel gelesen haben. Weil es aber 15 € mehr im Jahr gekostet hätte, haben Sie damals die Klausel *„Forderungsausfalldeckung"* abgelehnt. Damit wäre auch dieser Schaden bezahlt worden.

Vor einiger Zeit hatte ich eine Mandantin, die mir eine Frage zur Haftpflichtversicherung stellte: Da ihre jetzige, günstige Direktversicherung leider einen Schaden nicht bezahlt hat (sie hatte in ihrer Haftpflichtversicherung eine Klausel, dass Mietsachschäden unter dem 1. Verwandtschaftsgrad nicht geleistet werden), wollte sie wissen, ob man dies versichern kann. Der Preis für die neue Haftpflichtversicherung war ihr dann letztendlich egal.

Mietsachschadendeckung?! Im Rahmen der Privathaftpflicht sind meistens auch Mietsachschäden mitversichert. Das können sein: Schäden an gemieteten Wohnräumen und sonstigen zu privaten Zwecken gemieteten Räumen in Gebäuden. Hierbei geht es etwa um die Beschädigung von Badkeramik, Türen, Wänden und

Fußböden. Einige Versicherungen bieten auch Versicherungsschutz für Mobiliar in angemieteten Ferienhäusern oder Hotelzimmern.

Doch kommen wir noch mal zu unseren
„lieben kleinen Milchzahnterroristen" zurück:

Kinder, Haftung und Aufsichtspflicht

Kinder sind grundsätzlich bis Vollendung des siebten Lebensjahres schuldunfähig und somit für ihr Tun nicht verantwortlich. Ist das Kind älter als sieben Jahre, entfällt die Haftung des Kindes nur dann, wenn im Schadensfall die erforderliche Einsicht fehlte (§ 828 BGB). Das muss von dem schädigenden Kind beziehungsweise dem gesetzlichen Vertreter nachgewiesen werden. Ob diese Einsichtsfähigkeit vorlag, kann nur nach den Umständen des Einzelfalles beurteilt werden. Besonders hoch sind die Anforderungen auf der Straße: Regeln sind zu beachten, Signale zu deuten. Und wie schnell ist das nahende Fahrzeug? Jüngere Kinder sind meist aufgrund ihrer psychischen und körperlichen Fähigkeiten noch nicht in der Lage, komplexe Situationen und Risiken im Straßenverkehr zu verstehen und richtig einzuschätzen. In diesem Fall können Kinder erst ab zehn Jahren zur Verantwortung gezogen werden. Kinder, die einen Unfall verursacht haben, haften auch nur, wenn sie zu diesem Zeitpunkt mindestens zehn Jahre alt waren (§ 828 BGB). Nach der jüngsten Rechtsprechung des Bundesgerichtshofes gilt dies aber nur dann, wenn der Unfall im bewegten Straßenverkehr geschah. So kann ein Neunjähriger, der ein parkendes Auto beschädigt, gleichwohl haften müssen.

Doch nicht nur das Kind als der eigentliche Schadenverursacher kann ersatzpflichtig gemacht werden, denn *„Eltern haften für ihre Kinder"*! Jeder kennt die Mahnung, die in so manchem Hof und an vielen Baustellenzäunen zu lesen ist. Der Hinweis stimmt allerdings nicht ganz: Verursacht ein Kleinkind einen Schaden, müssen zwar gegebenenfalls die Eltern haften – aber nur dann, wenn sie nicht in erforderlichem Maße auf ihren Nachwuchs aufgepasst haben, wenn sie also ihre Aufsichtspflicht verletzt haben. Neben dem Kind selbst kann auch eine Haftung desjenigen in Frage kommen, der die Aufsicht über das schädigende Kind hatte. Das sind in aller Regel die Eltern. Damit können aber auch andere betraut sein – Lehrer und Erzieher, die Großeltern, Pflegeeltern, das Kindermädchen oder die Tagesmutter.

Unfallversicherung

Alle 9 Sekunden passiert, wie gesagt, in Deutschland ein Unfall! – *„Aber mir passiert doch nix."* – Das werden Sie vielleicht jetzt denken! – *„Wieso sollte ausgerechnet ich einen Unfall haben?"* – *„Jeder andere, aber ich doch nicht!"*

Aber mal Hand aufs Herz: ob auf der Baustelle, auf dem Weg zur Arbeit, beim Sport oder im Urlaub, ein Unfall kann immer passieren! Vertraut man Wikipedia (vgl.: http://de.wikipedia.org/wiki/Arbeitsunfall), ereigneten sich allein im Jahr 2005 in Deutschland 2.250.000 Verkehrsunfälle. Darunter gab es 336.619 Unfälle mit Personenschäden, und 5.361 Verkehrsteilnehmer wurden getötet. 2006 und 2007 sahen die Zahlen nicht viel anders aus. Wenn Sie sich jetzt denken: *„Ich fahre kein Auto, nur öffentlich, was interessieren mich diese Zahlen?"*, dann schauen wir uns doch mal die Zahl der Arbeitsunfälle an (sollten Sie keine Arbeit haben, wir schauen uns später auch die Freizeitunfälle an): Weltweit ereignen sich jährlich etwa 270 Millionen Arbeitsunfälle; etwa 2,2 Millionen Menschen sterben jedes Jahr an Arbeitsunfällen und berufsbedingten Erkrankungen. Allein im Jahr 2006 starben in Deutschland 646 Menschen an den Folgen von Arbeitsunfällen. Die absolute Zahl der Arbeitsunfälle nahm zu. Sie stieg im Vergleich zum Vorjahr um 1,2 % auf 959.714 meldepflichtige Fälle. Bei 80 Millionen Deutschen ist somit im Schnitt jeder Achte einmal betroffen.

Aber was ist eigentlich ein Unfall?

Was ein Unfall ist, weiß im Grunde jeder. Doch im Zusammenhang mit dem Schutz, den eine Unfallversicherung bietet, muss irgendwo klar und deutlich definiert sein, wann ein Unfall vorliegt. In den Allgemeinen Unfallversicherungsbedingungen (AUB) ist der Unfallbegriff folgendermaßen beschrieben:
„Ein Unfall liegt vor, wenn der Versicherte durch ein plötzlich von außen auf seinen Körper wirkendes Ereignis / Unfallereignis unfreiwillig eine Gesundheitsschädigung erleidet."

In der Praxis muss also das *„Unfallereignis"* innerhalb eines kurzen Zeitraums eintreten. Gesundheitsschädigungen durch Umwelteinflüsse oder durch Dauerbelastung im Sport stellen demnach keine Unfälle im Sinne der Unfallversicherung dar. In solchen Fällen greift nur die Krankenversicherung. Allerdings gibt es auch hierbei Ausnahmen und Einschränkungen: Wenn zum Beispiel durch eine erhöhte Kraftanstrengung ein Gelenk verrenkt oder Muskeln, Sehnen, Bänder oder Kapseln gezerrt oder zerrissen werden, wird dies nach den Allgemeinen Bedingungen unter Umständen auch als Unfall anerkannt. Da ein Unfall allerdings ein unfreiwilliges Geschehen sein muss, fallen Freitod und Selbstverstümmelung nicht unter den Versicherungsschutz.

Unfälle teilt man prinzipiell danach ein, wo sie auftreten. Etwa 30 % der Unfälle ereignen sich im Haushalt, 23 % passieren beim Spielen und Sporttreiben, 18 % im Verkehr, 7 % der Unfälle werden als *„sonstige Unfälle"* bezeichnet. Immerhin 24 % passieren in der Arbeit.

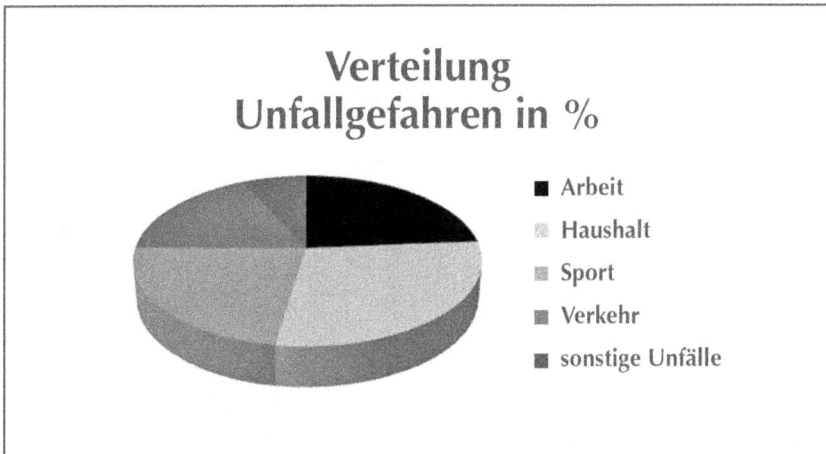

Verteilung Unfallgefahren in %

- Arbeit
- Haushalt
- Sport
- Verkehr
- sonstige Unfälle

Quelle: Informationszentrum der deutschen Versicherer (Stand Oktober 2008)

Können Sie sich vorstellen, wer die Rechnung bezahlen würde, wenn Sie in Ihrer Freizeit mit dem Hubschrauber oder Sanitäter ins Krankenhaus gebracht werden müssen? Oder eine Hundestaffel Sie im Schnee sucht, da Sie beim Skifahren unachtsam waren? Eine Rechnung um die 7.000 € ist dabei keine Seltenheit. Die private

Unfallversicherung kann die finanziellen Auswirkungen eines Unfalls ausgleichen, etwa die teilweise empfindlichen Einkommenseinbußen, aber auch den Verlust an Lebensqualität. Ihre finanziellen Leistungen bilden häufig auch das Startkapital für eine neue Existenz.

> *Übrigens treten Arbeitsunfälle angeblich vermehrt am Montag auf. Allerdings ist die Unfallschwere geringer als an anderen Wochentagen. Die schwersten Arbeitsunfälle ereignen sich an Samstagen. Vielleicht sollten Sie sich daher überlegen, an welchen Tagen Sie arbeiten.*

Was wäre, wenn ...?

Über einen möglichen Schicksalsschlag, der die bisherigen Lebenspläne in Frage stellen könnte, denkt niemand gerne nach. Doch zu einer verantwortlichen Lebensplanung gehört auch das Nachdenken über mögliche Risiken: Welche Folgen hätte ein längerer Krankenhausaufenthalt für die Familie, für das Einkommen, für den Job?

Was würde eine dauerhafte Behinderung für die weitere Zukunft bedeuten?

Da sich für eine junge Mutter andere Notwendigkeiten und Bedürfnisse ergeben als für einen alleinstehenden Angestellten, kann die private Unfallversicherung individuell nach den persönlichen Bedürfnissen jedes Einzelnen ausgestaltet werden. Ob als Unfallrente oder als einmalige Kapitalleistung: Sie umfasst alle Unfälle des täglichen Lebens, gleichgültig, ob sie zu Hause, auf Reisen, im Beruf, in der Freizeit oder im Straßenverkehr passieren. Sie gilt rund um die Uhr und auf der ganzen Welt. Außerdem werden auf die Kernleistungen der privaten Unfallversicherung – Invaliditäts-, Todesfall-, Übergangsleistung und Tagegeld – Zahlungen anderer Versicherungen, wie etwa Haftpflicht-, Lebens-, Kranken- oder Sozialversicherung, nicht angerechnet. Die Leistungen der privaten Unfallversicherung werden zusätzlich erbracht.

Aber welche wichtigen Leistungsarten gibt es denn überhaupt?

Wichtige Bausteine, welche in der Unfallversicherung nicht fehlen dürfen:
Die private Unfallversicherung verfügt über ein ganzes Bündel von Leistungsarten, die je nach Bedarf vereinbart werden können.

Invaliditätsleistung

Kernstück jeder Unfallversicherung ist die Invaliditätsleistung. Bleiben als Folge eines Unfalls gesundheitliche Einschränkungen zurück, erhält der Versicherte eine Kapitalsumme, mit der er

- Einkommenseinbußen auffangen,
- eine Umschulung zum notwendigen Berufswechsel oder eine Spezialausbildung für Kinder finanzieren,
- das Haus oder die Wohnung behindertengerecht umbauen,
- Pflegepersonal oder Haushaltshilfen bezahlen
- oder sonstige Benachteiligungen ausgleichen kann.

In der Praxis wird in diesem Zusammenhang meistens die sogenannte Gliedertaxe (siehe unten) angewendet. Für die Berechnung der Invaliditätsleistung ist dabei entscheidend, inwieweit die gesamte Leistungsfähigkeit des Versicherten durch den Unfall beeinträchtigt wird. Grundlage hierfür ist immer ein ärztliches Gutachten, das den genauen Invaliditätsgrad festlegt. Eine gute Unfallversicherung leistet bereits ab 1 % Invalidität. (Ein funktionsunfähiger Daumen *„bringt"* beispielsweise schon 20 % Invalidität.) Je stärker die dauerhafte Beeinträchtigung nach einem Unfall ist, desto höher ist der Kapitalbedarf. Der Erfahrung, dass dieser Bedarf bei höheren Invaliditätsgraden oft sogar überproportional steigt, haben die meisten Versicherer Rechnung getragen, deshalb gibt es sogenannte Progressions- oder Mehrleistungsmodelle, bei denen ab höheren Invaliditätsgraden die Zahlung aufgestockt wird. Jeder Versicherte sollte seinen individuellen Versicherungsbedarf abwägen. Eine Art Faustformel für die Versicherungssumme der privaten Unfallversicherung für den Fall der Vollinvalidität geht von mindestens dem Dreifachen des Jahreseinkommens des Versicherten aus. Damit der Wert der Unfallversicherung mit den steigenden Lebenshaltungskosten Schritt hält, sollte die Unfallversicherung *„dynamisch"* gestaltet werden. Das heißt, dass die Versicherungssummen zum Beispiel jährlich um einen festen Prozentsatz oder entsprechend der Beitragsentwicklung in der gesetzlichen Rentenversicherung angepasst werden.

Unfallrente

Bleiben nach einem schweren Unfall Beeinträchtigungen zurück, ändern sich auch die Anforderungen im Alltag auf Dauer. Für manches, was der Versicherte früher selbst erledigt hat, muss nun Hilfe in Anspruch genommen werden, und die Kosten für die Lebensführung steigen. Um diese Mehrkosten aufzufangen, ist die Vereinbarung einer monatlichen, lebenslangen Rente sinnvoll. In der Regel wird die vereinbarte Unfallrente schon bei einem Invaliditätsgrad ab 50 % bezahlt.

Krankenhaustagegeld

Das Unfallkrankenhaustagegeld wird für jeden Tag bezahlt, an dem Sie im Krankenhaus bleiben müssen, da Sie als gesetzlich Versicherter einen Eigenanteil tragen müssen. Um diesen zu finanzieren und sich eventuell noch einen Fernseher oder Telefon zu leisten, ist das Krankenhaustagegeld sinnvoll. Auch nach der Behandlung im Krankenhaus ist man häufig nicht gleich wieder *„auf dem Damm"*. Der Rekonvaleszent ist vielleicht auf Taxen angewiesen, auf Hilfe im Haushalt – die Kosten summieren sich. Vor allem für Selbstständige ist ein Unfall meist mit Verdienstausfall verbunden, deshalb vereinbaren sie in aller Regel zusätzlich ein Tagegeld.

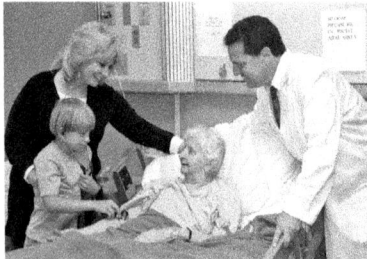

An dieser Stelle eine Geschichte, die ich persönlich miterlebt habe: Ein guter Bekannter von mir hatte vor einiger Zeit einen schweren Motorradunfall. Er lag mehrere Wochen im Koma, und keiner der Ärzte hätte ihm zugetraut, dass er überhaupt überlebt. Aber er kämpfte sich durch und bewies Stärke. Man sagte ihm damals, wenn er körperlich nicht so fit gewesen wäre durch sein regelmäßiges Training, wäre er vermutlich gar nicht mit dem Leben davongekommen. In vielen mühsamen Stunden Rehabilitation musste er sich langsam seine Körperfunktionen wieder aneignen. Heute, drei Jahre später, ist er mehr als froh, damals körperlich fit gewesen zu sein – und eine Unfallversicherung gehabt zu haben, ebenso wie eine Berufsunfähigkeitsrente. Denn in diesen drei Jahren konnte er weder in seinem ursprünglichen Job arbeiten noch anderweitig Geld verdienen, und so hätte er neben seinen körperlichen Problemen auch noch ganz massive finanzielle gehabt. Als die Untersuchungen abgeschlossen waren und man feststellen musste, dass einige Schäden bleibend und gewisse Körperregionen irreparabel wären, diagnostizierte man 88 % Invalidität. Somit wurde eine sechsstellige Versicherungssumme fällig, welche ihm zwar nicht seine Gesundheit zurückgab, aber seine Existenz zumindest finanziell zukünftig auf sichere Beine stellt.

Die Gliedertaxe

Bei Verlust oder Funktionsunfähigkeit
(gem. Ziffer 2.1 HM-AUB 2000)

der Sehkraft eines Auges	50%
des Geruchs	10%
des Geschmacks	5%

des Gehörs
auf einem Ohr **30%**

eines Armes **70%**

eines Armes bis
oberhalb des Ellen-
bogengelenks **65%**

eines Armes unterhalb
des Ellen-
bogengelenks **60%**

einer Hand **55%**

eines Beines über der Mitte des Oberschenkels	**70%**
eines Beines bis zur Mitte des Oberschenkels	**60%**
eines Beines bis unterhalb des Knies	**50%**
eines Beines bis zur Mitte des Unterschenkels	**45%**
eines Fußes	**40%**

eines anderen Fingers	**5%**
eines Zeigefingers	**10%**
eines Daumens	**20%**

einer anderen Zehe	**2%**
einer großen Zehe	**5%**

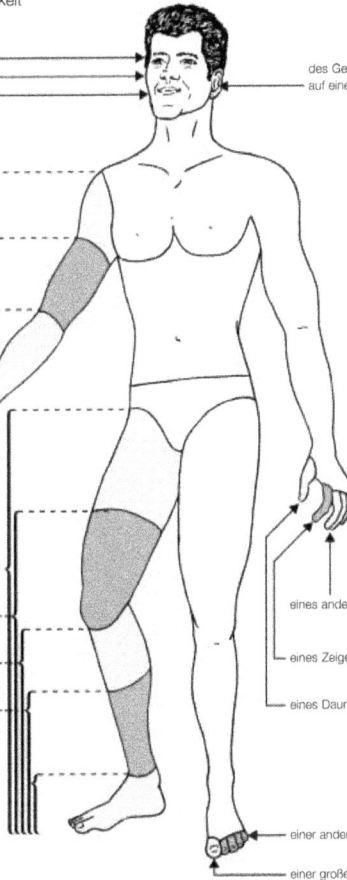

39

Der Grad der Invalidität (also die „*dauernde Beeinträchtigung der körperlichen und geistigen Leistungsfähigkeit*") wird meist nach festen Prozentsätzen berechnet – der sogenannten Gliedertaxe (für Frauen selbstverständlich identisch). Führt ein Unfall innerhalb eines Jahres zur Invalidität – ein Arzt muss diese spätestens nach weiteren drei Monaten (ergo spätestens 15 Monate nach dem Unfalltag) feststellen – besteht ein Anspruch auf Kapitalleistung aus der versicherten Invaliditätssumme. Man muss keineswegs eine körperliche Lähmung besitzen, um eine Invaliditätsleistung zu bekommen, denn eine funktionsunfähige Hand kann eine Invalidität bis 55 % erzeugen. Die auf medizinischen Erkenntnissen basierende Gliedertaxe liefert hierfür Werte. Sie ist Bestandteil jedes Versicherungsvertrages.

Vielen Mandanten von mir sind schon schwere Unfälle passiert, und mit Sicherheit wollte niemand von ihnen mich eines Tages anrufen, um den Schadenbericht anzufordern. Eines Tages passierte es mir sogar, dass ich selbst dabei war, als ein Bekannter von mir, seines Zeichens Schreinermeister, sich in der Werkstatt den Daumen mit der Kreissäge aufschnitt und ich ihn nach kurzen Erste-Hilfe-Versuchen dann zur Notaufnahme ins Krankenhaus brachte. Dies war mir wieder mal ein mal ein Zeichen dafür, dass Unfälle in keinster Weise absehbar sind und es jeden Tag geschehen kann. In diesem Fall hatte er Glück im Unglück, aber nicht selten verlaufen Unfälle wesentlich weniger glimpflich.

Berufsunfähigkeitsversicherung

Schutz vor den finanziellen Folgen einer körperlichen Schädigung bietet neben der privaten Unfallversicherung aber auch die Berufsunfähigkeitsversicherung, die meist in Verbindung mit einer Lebensversicherung abgeschlossen wird. Beide Versicherungsarten decken aber unterschiedliche Risiken ab. So zahlt die private Unfallversicherung schon bei Schädigungen mit sehr niedrigem Invaliditätsgrad. Sie hilft, die Folgekosten des Unfalls zu tragen, und entschädigt gewissermaßen für den

mit der Invalidität verbundenen Verlust an Lebensqualität. Die Berufsunfähigkeitsversicherung leistet auch bei dauerhaften Schädigungen infolge einer Krankheit – jedoch nur, wenn diese den Versicherten außerstande setzen, weiter seinen Beruf auszuüben. Sie kompensiert den Verlust des Einkommens, wenn die Invalidität eine weitere berufliche Tätigkeit unmöglich macht. Viele Berufe sind jedoch durchaus bei einem hohen Grad der Invalidität auszuüben. Vor Abschluss einer Berufsunfähigkeitsversicherung ist eine umfassende Gesundheitsprüfung notwendig. Bei der Unfallversicherung ist dies nicht oder nur in einer weniger strengen Form erforderlich. Die individuelle Lebenssituation und die Abwägung der Risiken, gegen die der Einzelne sich und seine Familie absichern will, sind also jeweils entscheidend, ob eine private Unfallversicherung oder eine Berufsunfähigkeitsversicherung abgeschlossen wird. In den meisten Fällen wird beides sinnvoll sein.

Grundsätzlich ist somit zu raten, beide Versicherungen abzuschließen, denn sie ergänzen sich hervorragend. So zahlt die private Unfallversicherung schon ab einem Invaliditätsgrad von 1% und hilft somit, die Folgekosten eines Unfalls zu tragen, beziehungsweise entschädigt gewissermaßen für den Verlust an Lebensqualität. Die Berufsunfähigkeitsversicherung leistet zusätzlich auch bei dauerhaften Schädigungen infolge einer Krankheit. Voraussetzung ist in der Regel eine mindestens 50-prozentige Berufsunfähigkeit.

Unfallversicherung:
greift bei körperbezogenen Beeinträchtigungen

Berufsunfähigkeitsversicherung:
greift bei Beeinträchtigungen in der Ausübung des aktuellen Berufs

---

Zu beachten ist aber, dass zwischen der **Berufsunfähigkeit** und der **Invalidität** ein wesentlicher Unterschied besteht. Die Unfallversicherung definiert Invalidität medizinisch im Rahmen einer vorgegebenen Gliedertaxe. Dies bedeutet, dass die Höhe der Leistung davon abhängt, wie stark die Funktion des Körpers beeinträchtigt ist, sie berücksichtigt somit nicht die Folgen für den ausgeübten Beruf. Wenn Sie mit einem irreparabel geschädigten linken Arm Ihren derzeitigen Beruf weiter ausüben könnten, sind Sie zwar invalide im Sinne der Unfallversicherung und bekommen eine Rente, aber nicht berufsunfähig. Der umgekehrte Fall: Verlieren Sie bei einem Unfall Ihren Daumen (20%) und können so nicht mehr normal arbeiten, bekommen Sie Ihre Berufsunfähigkeitsrente ausbezahlt und zusätzlich eine Invaliditätsleistung. Sie sollten daher wissen, dass **jeder sechste Deutsche im Laufe seines Lebens berufsunfähig wird!** Ob Unfall oder schwere Krankheit – jedes Jahr müssen fast 160.000 Arbeitnehmer ihren Beruf vorzeitig aufgeben. Selbstständige werden dabei in der Regel gar nicht erst erfasst – tatsächlich dürfte das Risiko also wesentlich höher liegen! Doch nicht nur körperliche Gebrechen können zur Berufsunfähigkeit führen, sondern auch psychische Probleme, wie Belastung, Stress und das sogenannte „Burnout-Syndrom". Somit stellt die Berufsunfähigkeit ein unterschätztes Risiko dar! Die verschiedenen Ursachen für die Zahlung von Rentenansprüchen können Sie folgender Grafik entnehmen:

Ursachen für Erwerbsminderung

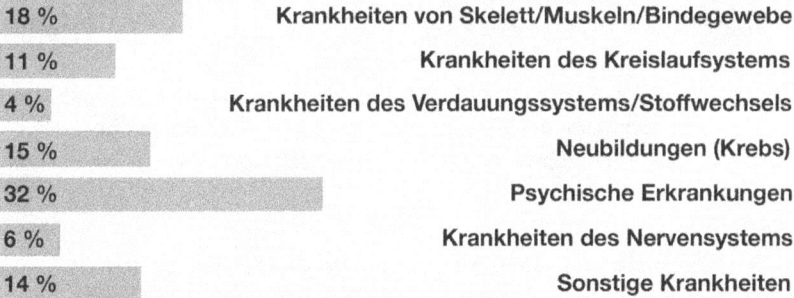

18 %	Krankheiten von Skelett/Muskeln/Bindegewebe
11 %	Krankheiten des Kreislaufsystems
4 %	Krankheiten des Verdauungssystems/Stoffwechsels
15 %	Neubildungen (Krebs)
32 %	Psychische Erkrankungen
6 %	Krankheiten des Nervensystems
14 %	Sonstige Krankheiten

(Quelle: Deutsche Rentenversicherung/Rentenzugänge 2007)

Vielleicht kennen Sie auch die Werbung, in der sechs Personen am Tisch sitzen und die Kamera sich dreht: „Jeder Sechste wird berufsunfähig ..." Denken Sie daran, wenn Sie das nächste Mal Ihre fünf Bekannten treffen! Statistisch gesehen wird es nämlich einen von Ihnen dann treffen. Im schlimmsten Fall bekommt derjenige sogar überhaupt keine staatliche Unterstützung und fällt durchs soziale Netz. Eine mögliche Konsequenz daraus könnte der Beginn von Hartz IV sein. Wer nämlich glaubt, bei Berufsunfähigkeit durch die gesetzlichen Sozialsysteme abgesichert zu sein, liegt leider falsch: Jeder nämlich, der nach dem 01.01.1961 geboren wurde, bekommt aus der gesetzlichen Absicherung keine Berufsunfähigkeitsrente mehr! Diese wurde zwar durch eine zweistufige Erwerbsminderungsrente ersetzt, mit der sich allerdings ein ausreichender Lebensstandard nicht mehr finanzieren lässt, sondern die nur eine Art Basisabsicherung ist. Das bedeutet bei einem Wechsel des Berufs oft einen geringeren Verdienst und bei vollständiger Erwerbsunfähigkeit eine absolute finanzielle Unterversorgung! Ob Sie die ohnehin niedrigen gesetzlichen Leistungen im Ernstfall erhalten, hängt nur davon ab, wie viele Stunden Sie täglich noch arbeiten können – notfalls auch als Pförtner, um per Knopfdruck eine Schranke zu öffnen. Wer mit Anfang 20 seine Berufsausbildung beendet und ins reguläre Berufsleben einsteigt, sollte sich spätestens jetzt Gedanken machen, welche unerwarteten Situationen im Leben eintreten können.

Wissen Sie denn eigentlich, was Sie im Laufe Ihres Lebens so wert sind? Rechnen Sie doch mal nach:

Derzeitiges Bruttogehalt x Anzahl Monate x Anzahl Jahre = Summe XY

(Z.B. 2.500 € x 13 Monate x 42 Jahre = 1.365.000 €)

Schätzen Sie mal, was Sie wert sind, wenn Sie von heute auf morgen – warum auch immer – nicht mehr arbeiten können? 0 €! Und das ist noch übertrieben, denn Sie verursachen sogar bei Ihrem Arbeitgeber und im Sozialversicherungswesen enorme Kosten!

Wie wenig eigentlich über die Leistungen aus der gesetzlichen Rentenversicherung bekannt ist, zeigt *„eine repräsentative Umfrage des Münchner Meinungsforschungsinstituts Infratest, dass 87 Prozent aller Arbeitnehmer die detaillierten Leistungsveränderungen der gesetzlichen Erwerbsminderungsrente gar nicht kennen. Fast 30 Prozent glauben sogar, dass die Neuregelung mit Leistungssteigerungen verbunden ist – dies ist nicht der Fall"* (http://www.hamburg-mannheimer.de/HMOnline/ Deutsch/Produkte-neu/Privatkunden/Berufsunfaehigkeit/Vorteilsinfo.htm).

Sollten Sie nun durch Krankheit oder Unfall **erwerbsunfähig** werden, ist gesetzlich eine *„halbe Erwerbsunfähigkeitsrente"* (keine 3 Stunden Arbeit pro Tag mehr möglich) von ca. 17% vom Brutto vorgesehen. Das bedeutet: Wenn unsere Sabine vorher ca. 2.200 € brutto verdient hat, hat sie anschließend Pech, denn eine staatliche Unterstützung von ca. 375 € reicht zum Leben nicht; dies sollte auch Ihnen bewusst sein! Sollte Sabine allerdings ihren derzeitigen Beruf nicht mehr ausüben können (= berufsunfähig), würde ihr nur eine private Berufsunfähigkeitsrente helfen, deren Höhe sie durch private Vorsorge selbst bestimmt.

So wenig zahlt der Staat im Durchschnitt:

Volle Erwerbsminderungsrenten* von 1996 bis 2007 in €:

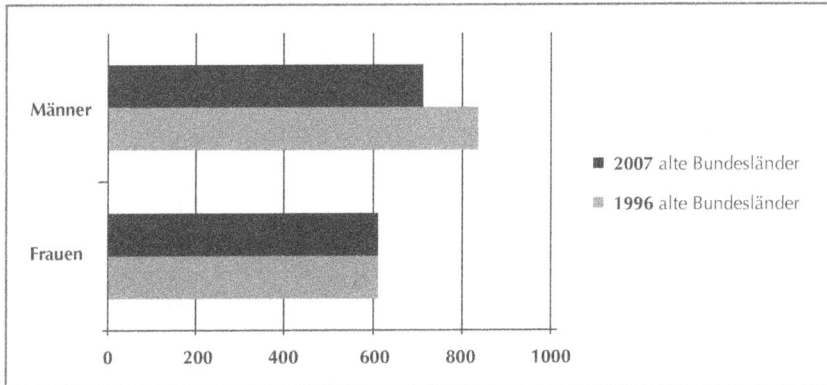

*durchschnittlicher Zahlbetrag bei Rentenzugängen; Quelle: Gunkel, Alexander (2008): Die Erwerbsminderungsrenten: Entwicklungen und Perspektiven, Deutsche Rentenversicherung Bund

Die Berufsfähigkeit ist also der Garant für die Möglichkeit, Einkommen im erlernten oder ausgeübten Beruf zu erzielen. Fehlen diese regelmäßigen Einnahmen plötzlich, muss auf vorhandene finanzielle Rücklagen zurückgegriffen werden. Damit kann die Lage meist nur vorübergehend überbrückt werden, zumal sich aus der Situation heraus oft Mehrausgaben – beispielsweise für medizinische Versorgung oder Betreuung – ergeben. Gerade junge Menschen verfügen häufig nur über geringe oder gar keine Finanzpolster. Besonders schwerwiegend ist das, wenn es in einer Familie nur einen Einkommensbezieher gibt. Seit die Leistungen aus der gesetzlichen Rentenversicherung deutlich reduziert wurden, ist eine solide und ausreichende private Berufsunfähigkeitsabsicherung heute unverzichtbar, denn der Staat leistet erst bei vollkommener Erwerbsunfähigkeit. Diese definiert sich wie folgt: *„Als erwerbsunfähig gilt, wer infolge von Krankheit, Unfall oder anderen Gebrechen weder in seinem erlernten noch in einem ihm zumutbaren Beruf dem Arbeitsmarkt weniger als drei Stunden zur Verfügung steht, wie andere Berufstätige mit ähnlicher Ausbildung, gleichwertigen Kenntnissen und Fähigkeiten."* (http://www.dewion.de/ berufsunfaehigkeitsversicherung/erwerbsminderungsrente.shtml)

Was leistet denn nun der Staat für mich?

19,9 % Abzug! Warum? Wofür?

Wäre es nicht mal interessant, zu sehen, welche Ansprüche Sie sich aus den 19,9 % gesetzlichen Rentenversicherungsbeiträgen erwirtschaften, die Monat für Monat von Ihrem Bruttogehalt abgezogen werden? Gerade Berufsstarter machen sich selten Gedanken, was mit den monatlich knapp 500 € passiert (bei einem Monatsbrutto von 2.500 €), die direkt an die Deutsche Rentenversicherung Bund (früher: LVA bzw. BFA) abgeführt werden. Dieser Beitrag zum Sozialversicherungswesen beinhaltet nicht nur Abgaben für die gesetzliche Altersrente, sondern auch für die Erwerbsunfähigkeitsrente, die Witwer-/Witwenrente und die Waisenrente. Der Baustein *„Erwerbsunfähigkeitsrente"*, auf den bereits kurz eingegangen wurde, soll im folgenden Abschnitt verdeutlicht werden.

Die Reform der gesetzlichen Rentenversicherung im Jahr 2001 hatte auch Auswirkungen auf die gesetzliche Berufs- und Erwerbsunfähigkeitsrente. Sowohl die Leistungshöhe als auch die Bedingungen haben sich geändert – mit zum Teil gravierenden Folgen für gesetzlich Versicherte in der gesetzlichen Rentenversicherung. Für Menschen, die nach dem 01.01.1961 geboren sind, wurde die gesetzliche Berufsunfähigkeitsrente de facto abgeschafft. Sie erhalten nur noch eine einheitliche Erwerbsminderungsrente mit stark reduzierten Leistungen. Dabei wird nicht mehr berücksichtigt, welchen beruflichen Status der Betroffene zuvor besaß, sondern entscheidend ist, dass der Betroffene nahezu jeden anderen Job annehmen muss, egal wie hoch die bereits erreichte berufliche Qualifikation auch ist. Die volle Höhe der Erwerbsminderungsrente – das sind lediglich rund 38% des letzten Bruttoeinkommens – gibt es nur, wenn der Erkrankte oder Verunglückte weniger als drei Stunden pro Tag irgendeinem Beruf nachgehen kann. Nur eine private Berufsunfähigkeitsversicherung kann hier helfen, die finanziellen Lücken weitgehend zu schließen.

Spannen Sie sich ein Netz, sonst droht Ihnen der soziale Abstieg!

Festzuhalten ist also, dass die gesetzlichen Leistungen nur als Basisabsicherung greifen, und auch erst, wenn gar keine Arbeit mehr ausgeübt werden kann (= Erwerbsunfähigkeit). Will man allerdings seinen Lebensstandard erhalten, dann kommt man um eine private Absicherung nicht herum. Hierbei hilft die private Berufsunfähigkeitsversicherung, die, wie oben erwähnt, bereits dann greift, wenn der aktuelle Beruf nicht mehr ausgeübt werden kann – egal ob wegen Krankheit oder durch Unfall. Wie definiert sich nun aber die Berufsunfähigkeit? Die deutschen Lebensversicherungsunternehmen verwenden überwiegend folgende Definition von Berufsunfähigkeit:

„Berufsunfähigkeit liegt vor, wenn die versicherte Person infolge Krankheit, Körperverletzung oder Kräfteverfalls, die ärztlich nachzuweisen sind, voraussichtlich sechs Monate ununterbrochen außerstande ist, ihren Beruf oder eine andere Tätigkeit auszuüben, die aufgrund ihrer Ausbildung und Erfahrung ausgeübt werden kann und ihrer bisherigen Lebensstellung entspricht."

Eine private Berufsunfähigkeitsversicherung zahlt in der Regel dann eine Rente aus, wenn der Versicherte zu mindestens 50 % berufsunfähig ist, also nicht mehr seinen aktuellen Beruf ausüben kann! Wer pflegebedürftig ist und mindestens unter die Pflegestufe 1 fällt, gilt je nach vertraglicher Vereinbarung größtenteils ebenfalls als berufsunfähig. Unterschiede sind auch in den Bedingungen der verschiedenen Lebensversicherungsunternehmen zu finden. Selbst innerhalb eines Unternehmens werden oft mehrere Tarife mit unterschiedlichen Definitionen von Berufsunfähigkeit angeboten. Damit soll den ungleichen Kundeninteressen Rechnung getragen werden, die von möglichst preiswerter Basisabsicherung bis hin zu einem möglichst umfassenden Versicherungsschutz reichen.

In Verbraucherratgebern wird häufig darauf hingewiesen, dass unbedingt der *„Verzicht auf abstrakte Verweisung"* vertraglich vereinbart werden sollte. Der Verzicht auf die *„abstrakte Verweisung"* bedeutet, dass ein Versicherungsunternehmen einen

Kunden dann nur noch auf eine Beschäftigung verweisen kann, die dieser bereits (freiwillig) ausübt. Damit besteht lediglich die Möglichkeit der sogenannten *„konkreten Verweisung"*. Bei der abstrakten Verweisung kann der Versicherte auf eine Tätigkeit verwiesen werden, die zwar seinen *„Kenntnissen und Fähigkeiten"* entspricht und auch seine Lebensstellung wahrt, die er jedoch zum Zeitpunkt der Beantragung von Berufsunfähigkeitsleistungen gar nicht ausübt. In diesem Fall erfolgt die Verweisung also rein abstrakt auf ein zwar existierendes Berufsbild, aber nicht auf eine bereits konkret ausgeübte Tätigkeit.

Besteuerung der Leistungen aus der Berufsunfähigkeitsrente

Nehmen wir an, Hans Glück hat einmal in seinem Leben Pech und wird berufsunfähig. Er bekommt aber eine Rente von 1.200 € im Monat. Wie sieht in diesem Fall die Versteuerung aus? Wie Sie wissen, müssen Sie sehr viele Einkommensarten versteuern, so auch die Berufsunfähigkeitsrente. Die Besteuerung der Leistungen hängt davon ab, um welche Art Berufsunfähigkeitsversicherung es sich handelt.

Besteht die Leistung beispielsweise aus einer monatlichen Berufsunfähigkeitsrente, unterliegt nur ein pauschalierter Ertragsanteil der Besteuerung mit dem persönlichen Steuersatz. Der pauschalierte Ertragsanteil bemisst sich nach der voraussichtlichen Dauer der Rentenzahlung. Diese wiederum hängt davon ab, wie lange der Versicherte berufsunfähig ist. Maximal wird die Rente für den vertraglich vereinbarten Zeitraum gezahlt. Lässt sich die Dauer der Rentenzahlung bei Eintritt der Berufsunfähigkeit nicht bestimmen, ist die voraussichtliche Laufzeit zu schätzen.

Nehmen wir, um diese komplexe Aussage zu verdeutlichen, das Beispiel von Herrn Glück:
Hans Glücks Berufsunfähigkeitsversicherung sieht vor, dass er im Falle einer Berufsunfähigkeit bis maximal zur Vollendung des 65. Lebensjahres eine Rente erhält. Mit Vollendung des 40. Lebensjahres wird er dauerhaft berufsunfähig. In diesem Fall

bekommt er 25 Jahre lang eine Rente – also wie vereinbart bis zum 65. Lebensjahr (1.200 € x 12 x 25 Jahre = 360.000 €). Aus der maßgeblichen Steuertabelle ergibt sich ein Ertragsanteil in Höhe von 26 %. Das heißt, der Versicherte muss 26 % der Rente mit seinem individuellen Einkommensteuersatz versteuern. Von unseren 1.200 € monatlich wären es 312 €, die zum zu versteuernden Einkommen zählen. Bei angenommenen 25 % Steuersatz wären das also circa 78,00 € Steuern. Im Ergebnis fällt die steuerliche Belastung damit relativ moderat aus. Wenn Sie im Rahmen Ihrer privaten Rentenversicherung Leistungen aus Beitragsbefreiung bei Berufsunfähigkeit vereinbart haben, sind diese von der Versteuerung nicht betroffen, die späteren Kapitalleistungen aus den Renten- bzw. Lebensversicherungen unter Umständen schon. Im Übrigen gilt für die zu leistenden Beiträge, dass diese in begrenztem Umfang neben weiteren Vorsorgeaufwendungen als Sonderausgaben anerkannt werden können. Die Beiträge können also dazu führen, dass das zu versteuernde Einkommen verringert wird.

Verschiedene Formen der Berufs- und Erwerbsunfähigkeitsversicherung

Nun haben Sie das Risiko erkannt und wollen sich informieren, aber es gibt Ihnen zu viele verschiedene Möglichkeiten? Ist eine reine Berufsunfähigkeitsrente besser? Oder in Kombination mit einer Lebens- oder Rentenversicherung? In einer Risikolebensversicherung? Oder doch besser in der Rüruprente oder der betrieblichen Altersversorgung? Schauen wir uns einige Möglichkeiten an.

• Zuerst wäre hier die Berufsunfähigkeitszusatzversicherung (kurz BUZ genannt). Sie wird zusätzlich zu einer Risikolebensversicherung, einer (klassischen oder fondsgebundenen) Kapitallebens- oder privaten Rentenversicherung abgeschlossen. Als Basisleistung befreit die BUZ bei Berufsunfähigkeit von der weiteren Zahlung der Beiträge für die Hauptversicherung. So wird sichergestellt, dass trotz Berufsunfähigkeit zumindest die Hinterbliebenen- und Altersvorsorge bestehen bleibt. Darüber hinaus sollte noch eine monatliche Berufsunfähigkeitsrente vereinbart werden, da dies die wichtigere Leistung ist.

- Die für sich selbstständige Berufsunfähigkeitsversicherung wird als eigener Vertrag abgeschlossen. Geeignet ist die selbstständige Berufsunfähigkeitsversicherung für diejenigen, die bereits über eine Alters- und Hinterbliebenenversorgung verfügen und zusätzlich ihr regelmäßiges monatliches Einkommen absichern möchten. Wenn Sie zum Beispiel öfter mit finanziellen Engpässen rechnen müssen, kann diese Variante besonders vorteilhaft sein. In solchen Phasen ist es leichter, nur den Beitrag für die selbstständige Berufsunfähigkeitsversicherung aufzubringen als für eine Hauptversicherung plus Zusatzversicherung. Im Zweifel ist es nämlich besser, den Aufbau der Altersvorsorge zu unterbrechen, als den Berufsunfähigkeitsschutz zu verlieren.

- Des Weiteren gibt es die Möglichkeit einer privaten Erwerbsunfähigkeitsversicherung. Die Erwerbsunfähigkeitsversicherung dient als Absicherung, wenn der Versicherte nicht mehr in der Lage ist, irgendeine Tätigkeit regelmäßig und dauerhaft auszuüben. Damit ähnelt sie der gesetzlichen Erwerbsminderungsrente. Anders als bei einer Berufsunfähigkeitsversicherung hat der bisher ausgeübte Beruf keinerlei Bedeutung, ebenso wenig wie das bislang erzielte Einkommen. Eine Erwerbunfähigkeitsversicherung ist deshalb auch bedeutend günstiger als eine Berufsunfähigkeitsversicherung. Unbedingt zu empfehlen ist sie allerdings nicht.

Nicht vergessen dürfen Sie außerdem die *„Rente danach"*! Die Frage ist also, wie lange sollte ich mich gegen eine Berufsunfähigkeit absichern? In der Regel deckt man nur den Zeitraum ab, in dem man normalerweise erwerbstätig ist – doch auch im Fall vorzeitiger Berufsunfähigkeit sollte man für die private Altersvorsorge etwas zurücklegen können. In privaten Lebens- und Rentenversicherungen eine Beitragsbefreiung bei Berufsunfähigkeit einzuschließen, kann deshalb häufig sinnvoll sein. Vereinbaren Sie auf jeden Fall die Zahlung der Berufsunfähigkeitsrente bis mindestens zum 60. Lebensjahr. Das ist nämlich der früheste Zeitpunkt, ab dem Sie Ihre Rentenversicherungen steuerbegünstigt (Alterseinkünftegesetz) in Anspruch nehmen können. Eine Absicherung bis maximal zum 67. Lebensjahr (reguläres Renteneintrittsalter für Regelaltersrentenbezug für alle ab Jahrgang 1964) ist zwar sinnvoll, ist aber, abhängig vom Beruf, auf jeden Fall die teurere Variante.

Sinnvoll ist ebenso eine Dynamik im Leistungsfall, um das Inflationsrisiko abzu-
decken. Im Versicherungsfall steigt die Rente dann Jahr für Jahr. Und für Selbstständige ist die private Absicherung doppelt wichtig – da sie in der Regel nicht in
die gesetzlichen Sozialversicherungen einzahlen, bekommen sie im Berufs- oder
Erwerbsunfähigkeitsfall überhaupt keine Leistungen von staatlicher Seite. Die Dauer
des Leistungsbezugs hängt dabei von der eigenen Genesung ab. Ich habe sowohl
Mandanten, die seit Jahrzehnten Berufsunfähigkeitsrente bekommen, weil sie nicht
mehr berufsfähig sind, als auch Kunden, welche die Leistungen nur vorübergehend
bekommen haben, weil sie nach einigen Jahren wieder genesen sind und nun einem neuen Job nachgehen können.

Es ist mit Sicherheit gerechtfertigt, zu behaupten, dass die Privathaftpflicht-, Unfall-
und Berufsunfähigkeitsversicherung die drei wichtigsten Versicherungen sind, die
jede Privatperson haben sollte. Zusätzlich will ich nun aber weitere Versicherungen
ansprechen, die andere Risiken abdecken.

2.2 Die zehn Risikoversicherungen

„Alles Scheiße, alles Mist, wenn man nicht versichert ist!"

„Die drei wichtigsten", „Die zehn Risikoversicherungen" ...
– Na, wie viele sind es denn nun?

Etwas verwirrend ist es schon, das gebe ich zu, erst sprechen wir von den drei wichtigsten, aber in manchen Situationen ist es vielleicht – oder sogar mit Sicherheit – besser, auch an andere Umstände zu denken.

Denn was passiert bei Brand? Oder wenn Sie zum Pflegefall werden? Wie ist das eigentlich mit der Autoversicherung? Was mache ich, wenn der Sturm mein Dach abdeckt? Die Leitungen in der Wand platzen? Was, wenn meine Küche mit Kloake vollläuft, weil es so viel regnet, dass die Kanalisation nicht mehr funktioniert? Was, wenn ich einen Unfall habe?

Für solche Fälle sollten Sie an alle der hier aufgeführten zehn Lösungen denken:

1. KFZ-Versicherung
2. Unfallversicherung
3. Risikolebensversicherung
4. Pflegeversicherung
5. Hausratversicherung
6. Wohngebäudeversicherung
7. Berufsunfähigkeitsversicherung
8. Haftpflichtversicherung
9. Gewerbeversicherungen
10. Waldbesitzerhaftpflichtversicherung

Wie lautet eigentlich die korrekte Definition für Versicherungen?
„Eine Versicherung ist die gegenseitige Deckung gleichartig bedrohter Wirtschaften zufälligen, schätzbaren Bedarfs." An dieser Definition wird schnell klar, wie umständlich das Thema *„Versicherungen"* sein kann. Aber was heißt das nun auf Deutsch?

Viele Versicherte zahlen in einen gemeinsamen Pool, um ein Risiko zu verteilen (Solidaritätsprinzip). Das versicherte Schadenereignis darf nicht bereits vorher als mit hoher Wahrscheinlichkeit eintretendes Ereignis gelten. Nach einem eingetretenen Schaden ist es also leider nicht mehr möglich, dafür noch *„schnell etwas abzuschließen"*. Und zu guter Letzt muss das Risiko auch für den Versicherer kalkulierbar sein.

Aber jetzt ans Eingemachte: Wollen wir uns doch nun mal zusammen die einzelnen Bereiche ansehen. Das Motto des Autors lautet hier: *„Wenn schon versichert, dann richtig!"*

Vom Grundsatz her arbeiten eigentlich alle Versicherungen ähnlich wie Buchmacher. Nur dass der eine bessere Wetten hat als der andere. Aber alle nehmen *„Wetten"* an. Der Mandant wettet, dass er einen Schaden haben wird, und die Gesellschaften halten dagegen. Der Wetteinsatz ist also die Prämie und der eventuelle Wettgewinn die Versicherungsleistung. Die Wettquoten nennt man dann Tarif. Aber warum sind Versicherungsvorstände gesellschaftlich besser gestellt als ein Buchmacher? Vielleicht deshalb, weil hier eher auf sinnvolle Dinge gesetzt wird wie Familienabsicherung, Absicherung der Arbeitskraft oder lebenslange Rente. Wenn aber ein Fußballspiel vom Schiedsrichter verpfiffen wird, dann nennt man dies *„Spielmanipulation"*, wenn man eine *„Versicherungswette"* manipuliert, dann nennt man das *„Versicherungsbetrug"*, und dies führt dazu, dass die Quoten steigen.

Nun wollen wir uns aber zuallererst die wichtigste *„Wette"* ansehen und beginnen mit einer Pflichtversicherung – der KFZ-Versicherung. Hier wettet die Versicherung, dass der Führer des Wagens keinen Unfall baut, und behält hiermit hoffentlich recht.

1. KFZ-Versicherung

KFZ-Versicherung … *„Die brauch ich doch eh, wenn ich mein Auto zulassen will."* – *„Was gibt's denn da schon für Neuigkeiten?"* – *„Im Internet ist es doch eh günstiger!"* – Stimmt! Aber meist nicht viel! Zudem verbirgt sich Ihr angeblich zuständiger Ansprechpartner hinter einer anonymen 0180-Nummer.

Wenn Sie ein neueres Auto haben, dann kennen Sie bestimmt auch die sogenannte *„Teileliste"*. Dieses Blatt, das berühmte Kleingedruckte, kommt bei der Kaskoversicherung zum Einsatz und befindet sich in jeder Police. Aber haben Sie da überhaupt schon mal draufgeschaut? Dort stehen zum Beispiel so *„unwichtige Details"* wie: Welche Dinge werden bei Kaskoschäden am Auto ersetzt? Haben Sie einen gehobenen Mittelklassewagen mit Lederausstattung, integriertem Navigationssystem, teurem Soundsystem und Sportfahrwerk für schlappe 14.000 € als Sonderausstattung? Sind Sie ganz sicher, dass diese Teile bei einem Totalschaden von Ihrer bestehenden Kaskoversicherung vollständig ersetzt werden? Aber wen rufen Sie denn an, wenn Sie einen Schaden haben? Die 01805/1234567, die vielleicht gerade belegt ist? Kennen Sie folgende Werbung? *„Herr Müller, wir haben für Sie den Neuwagenrabatt, den Kinderrabatt, den Garagenrabatt, den Zweitwagenrabatt, den Hausbesitzerrabatt, den Bus- und Bahncardrabatt und den Rabatt und diesen …"* Aber was helfen Ihnen denn diese vielen Rabatte, wenn Sie Ihren Stolz, Ihr Auto, falsch versichert haben? Wie sollten Sie denn Ihr Auto nun versichern?

Es gibt drei Bausteine in der KFZ-Versicherung:

1. KFZ-Haftpflichtversicherung: In dem Wort steckt schon der Begriff *„Pflicht"* drin! Dies ist der einzige Baustein, den Sie auf jeden Fall brauchen, wenn Sie ein Auto zulassen wollen. Wie jede Haftpflichtversicherung deckt diese Schäden, die Sie durch den Gebrauch Ihres KFZ Dritten zugefügt haben (Personen- und Sachschäden).

2. Teilkasko-Versicherung: Dieser Baustein deckt folgende Risiken ab: Schutz der versicherten Fahrzeugteile gegen Brand, Diebstahl, Elementarschäden (unmittelbares Einwirken von Sturm, Hagel, Blitzschlag oder Überschwemmung), Wildschäden (das Fahrzeug muss dabei allerdings im Gebrauch sein), Glasbruch oder Schäden an der Verkabelung durch Kurzschluss.

3. Vollkasko-Versicherung: Dieser Baustein bietet Ihnen den Rundumschutz und ist somit natürlich der teuerste. Aber das finanzielle Risiko eines Totalschadens oder einer teuren Unfallreparatur bei eigenen Verschulden abzusichern, ist für viele Autofahrer das wichtigste Argument für eine Vollkaskoversicherung. In der Vollkasko-versicherung ist die Teilkasko inklusive, aber sie bietet zusätzlich Schutz bei von Ihnen selbst verursachten Schäden (Sie kommen von der Straße ab oder Sie fahren ohne Fremdeinwirkung gegen eine Mauer) und bei Schäden durch Vandalismus (mut- oder böswillige Handlungen fremder Personen).

Allerdings *„lohnt sich bei älteren Fahrzeugen die Vollkasko angesichts des Restwerts des Autos kaum noch. Je nach Neupreis und Marktgängigkeit des Fahrzeugs variiert der Wiederbeschaffungswert. Als Faustregel gilt: Ist das Auto vier bis fünf Jahre alt, stellt sich die Frage, ob sich der Komplettschutz überhaupt noch rechnet. Denn zu diesem Zeitpunkt hat sich der Wert des Wagens in der Regel halbiert. Allerdings müssen immer individuelle Faktoren wie geringe Fahrleistung, günstige Grundprä-mie oder hoher Schadenfreiheitsrabatt dabei berücksichtigt werden. Autobesit-zer, die nur noch 30 % des Beitragssatzes bezahlen, können häufig ein Jahr länger die Vollkasko behalten – ohne dass dies im Vergleich zu Leistungsumfang und Preis der Teilkasko ungünstiger wäre. Ge-legentlich lohnt es, bei älteren Fahrzeugen die Vollkasko beizubehalten und nicht auf die Teilkasko umzustellen. Zwei Faktoren spielen dabei eine Rolle: zum einen die jeweilige Typklasse des Wagens in beiden Versicherungssparten, zum anderen die Höhe des Schadenfreiheitsrabatts. Je größer der Unterschied zwischen beiden Typklassen (hohe Teilkasko, niedrige Vollkasko), desto wahrscheinlicher ist es, mit der Vollkasko günstiger unterwegs zu sein. Gleiches gilt, wenn der Schadenfreiheits-rabatt günstig ausfällt und somit immer weniger Prämie zu zahlen ist. Ob sich nun der Vollkasko-Schutz grundsätzlich lohnt, beantwortet mancher Versicherungsver-treter mit einem einfachen Denkschema: Die Absicherung ist immer dann sinnvoll, wenn sich der Kunde den Verlust des Autos wirtschaftlich nicht leisten kann."* (http://www.auto-motor-und-sport.de/service/kfz-versicherung-wie-lange-lohnt-die-voll-kasko-704768.html).

Der Beitrag zu Ihrer KFZ-Versicherung richtet sich nach verschiedenen Parametern, unter anderem:

- Fahrzeug (Hersteller, Typ)
- Persönliche Faktoren (Fahrleistung, Kinder, Eigenheim, Alter, andere Fahrer, Garage etc.)
- SB-Varianten (üblicherweise: Teilkasko 150 € und Vollkasko 300–1.000 €)
- SF-Klasse (Schadenfreiheitsklasse): Diese bestimmt die Prozentzahl des eigentlichen Tarifbeitrags. Für jedes Jahr, in dem Sie schadenfrei fahren, werden Sie um ein Jahr besser gestuft. Die SF-Klassen gibt es allerdings nur bei der Haftpflicht und der Vollkasko. SF ½ ist die sogenannte Einstiegsklasse, SF 4 ist bei vielen Versicherern zum Beispiel 60 %.

Neu ist seit 2008, dass es die berühmte Doppelkarte in der alten Version nicht mehr gibt. Sie benötigen jetzt bei einer Zulassung die sogenannte EVB-Nummer (elektronische Versicherungsbestätigung), die Sie in der Regel bei Ihrem Versicherungsexperten bekommen. Über einen Großrechner wird so sichergestellt, dass nur noch zahlungswillige Personen eine vorläufige Deckungszusage erhalten. Sollte unser Herr Glück also bei einer anderen Versicherung seinen Beitrag nicht regelmäßig beglichen haben, kann es ihm passieren, dass er bei einer erneuten Anmeldung nur noch eine KFZ-Haftpflichtversicherung abschließen kann.

Die wegen ihrer Absurdität interessanteste Geschichte möchte ich Ihnen nicht vorenthalten: Stellen Sie sich vor, Herr Glück fährt mit seinem PKW zum Einkaufen und kauft zwei Kästen Bier und eine Tüte Lebensmittel. Anschließend fährt er wieder nach Hause, öffnet den Kofferraum, nimmt die Kiste A und stellt sie auf den Boden. Kiste B nimmt er in die Hand und geht Richtung Haus. Auf dem Weg bleibt er mit dem Kasten an einem parkenden PKW hängen und beschädigt diesen. Er geht erst mal wieder zurück zum Auto, hebt Kiste A auf, geht wieder Richtung Haus und streift ein Motorrad, das ebenso einen Schaden davonträgt. Die Einkaufstüten sind noch im Kofferraum. Zugeben, komische Geschichte! Die Frage ist nun, welche Versicherung bezahlt welchen Schaden? Was denken Sie?
Die richtige Lösung ist: Den Schaden durch Kiste B am PKW übernimmt die KFZ-Haftpflichtversicherung. Den Schaden am Motorrad übernimmt die Privathaftpflichtversicherung. Warum?

Mit dem Absetzen der Kiste A hinter dem Auto endet hier der Entladevorgang des PKW, und somit beginnt der Privathaftpflichtversicherungsschutz. Kiste B wurde nicht abgesetzt, und somit ist sie bis zur Beschädigung des parkenden PKW im Geltungsbereich der KFZ-Haftpflicht.

Spätestens jetzt merken Sie, dass im Versicherungswesen wahre Spezialisten gefragt sind.

2. Unfallversicherung

„70% der Unfälle passieren in der Freizeit, in der kein gesetzlicher Unfallversicherungsschutz besteht."

Aber was bedeutet denn überhaupt der gesetzliche Unfallversicherungsschutz? Und was passiert, wenn der nicht gegeben ist? Wann bekomme ich denn eigentlich Leistungen aus der gesetzlichen Unfallversicherung? Die Antwort lautet: nur bei einem Arbeitsunfall! Ein Arbeitsunfall im Sinne der gesetzlichen Unfallversicherung ist ein Unfall eines Versicherten, der rechtlich wesentlich durch eine versicherte Tätigkeit verursacht und nicht absichtlich herbeigeführt wurde.

Es muss also eine versicherte Tätigkeit vorliegen. Doch das ist nicht nur die berufliche Tätigkeit selbst, sondern auch das Zurücklegen des mit der versicherten Tätigkeit zusammenhängenden unmittelbaren Weges. Ein Arbeitsunfall definiert sich wie folgt:

„§ 8 Arbeitsunfall

(1) Arbeitsunfälle sind Unfälle von Versicherten infolge einer den Versicherungs-schutz nach den §§ 2, 3 oder 6 begründenden Tätigkeit (versicherte Tätigkeit). Un-fälle sind zeitlich begrenzte, von außen auf den Körper einwirkende Ereignisse, die zu einem Gesundheitsschaden oder zum Tod führen.

(2) Versicherte Tätigkeiten sind auch

1. das Zurücklegen des mit der versicherten Tätigkeit zusammenhängenden un-mittelbaren Weges nach und von dem Ort der Tätigkeit,

2. das Zurücklegen des von einem unmittelbaren Weg nach und von dem Ort der Tätigkeit abweichenden Weges, um mit anderen Berufstätigen oder Versicherten gemeinsam ein Fahrzeug zu benutzen,

3. das Zurücklegen des von einem unmittelbaren Weg nach und von dem Ort der Tätigkeit abweichenden Weges der Kinder von Personen (§ 56 des Ersten Buches), die mit ihnen in einem gemeinsamen Haushalt leben, wenn die Ab-weichung darauf beruht, dass die Kinder wegen der beruflichen Tätigkeit dieser Personen oder deren Ehegatten oder deren Lebenspartner fremder Obhut anver-traut werden,

4. das Zurücklegen des mit der versicherten Tätigkeit zusammenhängenden We-ges von und nach der ständigen Familienwohnung, wenn die Versicherten wegen der Entfernung ihrer Familienwohnung von dem Ort der Tätigkeit an diesem oder in dessen Nähe eine Unterkunft haben,

5. das mit einer versicherten Tätigkeit zusammenhängende Verwahren, Befördern, Instandhalten und Erneuern eines Arbeitsgeräts oder einer Schutzausrüstung sowie deren Erstbeschaffung, wenn diese auf Veranlassung der Unternehmer erfolgt."
(vgl.: http://www.sozialgesetzbuch.de/gesetze/07/index.php?norm_ID=0700800)

Der Unfall muss also eine Ursache für den Schaden sein (haftungsausfüllende Kau-salität).

Wenn diese Umstände alle als erfüllt gelten, kann es sein, dass die gesetzliche Unfallversicherung (GUV) leistet (dies hängt aber von weiteren Faktoren ab). Aus diesem Grund und aufgrund der Tatsache, dass Unfälle meistens in der Freizeit passieren, ist eine private Unfallversicherung dringend empfehlenswert. Vor allem leistet
diese meist, im Gegensatz zur GUV (die erst ab 20% Minderung der Erwerbsfähigkeit zahlt), bereits ab 1 % Invalidität! Nehmen wir wieder unsere Sabine Pech, die
sich in der Küche mit der Brotmaschine ihren Daumen abtrennt. Sie würde dann
von ihrer Unfallversicherung (bei einer Grundinvaliditätssumme von 100.000 €)
eine Versicherungsleistung von 20.000 € erhalten.

Bei einem Verkehrsunfall hätte Sabine im Normalfall auch entsprechende Ansprüche aus der gesetzlichen Unfallversicherung, wenn sie auf dem Weg in ihre Arbeit
war – aber eben auch nur dann. Wenn Sie nun aber gar keine Arbeit haben, sind
Sie – im Gegensatz zu Sabine – überhaupt nicht abgesichert. Nehmen wir die
Nichtberufstätigen wie Hausfrauen, Rentner oder auch Arbeitslose. Allzu oft klet-
tern doch Hausfrauen oder Heimwerker *„mal eben"* auf den wackligen Tisch oder
den Drehstuhl, um eine Glühbirne auszuwechseln, ein Bild aufzuhängen oder die
Fenster zu putzen.

Die gesetzliche Krankenversicherung (GKV) zahlt bei schlimmen Unfallfolgen nur
die medizinische Grundversorgung! Ebenso leistet die gesetzliche Pflegeversicherung (GPV) erst, wenn die betroffene Person länger als sechs Monate ständig Unterstützung braucht; das ist mit einem komplizierten, langwierigen Prüfungs- und An-
tragsverfahren verbunden. Die Leistung kann außerdem auch abgelehnt werden.

Um den bisherigen Lebensstandard zu erhalten, bietet allerdings nur die private
Unfallversicherung (nach Unfällen jeglicher Art) umfassenden Schutz in allen Le-
benslagen.

Aber wofür brauche ich denn eigentlich die Unfallversicherung? Am besten gar
nicht! Glauben Sie mir eins, Sie können froh sein, wenn Sie Ihr ganzes Leben lang
Beiträge für eine Versicherung aufbringen, die Sie nie brauchen. Ich betrachte meine eigene Risikoabsicherung wie eine Art Schutzgeld. Ein Unfall kann Ihr ganzes
Leben verändern – eventuell müssen Sie danach beträchtliche Einkommensverluste
hinnehmen, bis hin zur Erwerbsunfähigkeit. Aber auch schon drei Jahre ohne regelmäßiges Einkommen dürften den meisten Menschen schon Schwierigkeiten berei-
ten. Neuanschaffungen werden vielleicht notwendig oder gar behindertengerechter
Umbau von Haus und Auto. Wer betreut die Kinder, wenn Sie es nicht mehr können?

Wer bezahlt die Haushaltshilfe, wenn Sie die Arbeit nicht mehr allein schaffen? Das Geld aus der gesetzlichen Unfall- und Rentenversicherung reicht selten aus, die finanziellen Folgen eines Unfalles aufzufangen! Da hilft nur Eigenvorsorge.

Unfallversicherung, Erwerbsunfähigkeit, Berufsunfähigkeit ...

Es soll Berater geben, die bei finanziellen Engpässen raten, die Unfallversicherung der Berufsunfähigkeitsversicherung vorzuziehen. Als Alternative zur etwas kostenintensiveren Berufsunfähigkeitsrente kann sie diese teilweise, allerdings nur nach Unfallfolgen, ersetzen; sie sollte aber eigentlich ergänzend sein.

Eine Unfallversicherung ist vor allem auch für Kinder und Schüler wichtig, da hier nur eine Grundabsicherung durch die gesetzliche Unfallversicherung im Kindergarten und in der Schule besteht und Unfälle doch sehr häufig vorkommen. Bei Freizeitunfällen besteht ja gar keine gesetzliche Absicherung. Die Unfallleistung dient dann dazu, den Lebensunterhalt finanzieren zu können, wenn die Erwerbsfähigkeit vermindert ist. Ebenso sind Hausfrauen und Selbstständige, wie oben schon erwähnt, in der Regel nicht in der gesetzlichen Unfallversicherung integriert und setzen sich somit tagtäglich ohne Absicherung der Gefahr eines Unfalls aus.

Interessant finde ich persönlich immer den Satz: *„Ich habe meine Unfallversicherung noch nie gebraucht!"* Darauf fällt mir immer spontan nur ein: *„Gratuliere, seien Sie froh."* Wenn Sie in einem Beruf tätig sind, wo Sie regelmäßig Unfallopfer erleben (Krankenhaus, Arzt, Berufsgenossenschaft etc.) oder selbst einmal einen schweren Unfall hatten, werden Sie verstehen, was ich meine!

3. Risikolebensversicherung

„Es gibt Schlimmeres als den Tod, wer schon einmal einen Abend mit einem Versicherungsvertreter verbracht hat, weiß was ich meine!" (Woody Allen)

Tod! Ein sehr unbeliebtes Wort. Tod ... Je öfter man den Ausdruck wiederholt, wenn man über die Risikolebensversicherung spricht, desto unangenehmer wird das Gespräch. Wenn wir allerdings hier wichtige Absicherungen behandeln, muss man sich auch darüber Gedanken machen. Die Frage, die sich aufdrängt, ist: Wer braucht eine solche Absicherung gegen den Todesfall? Jeder? Der 17-jährige Azubi ohne Freundin? Oma Isolde? Eine alleinerziehende Mutter? Der 30-jährige verheiratete Vater von zwei Kindern, der gerade mit Hilfe der Bank eine Finanzierung fürs eigene Haus bekommen hat? Die letzten beiden auf jeden Fall, aber einschätzen muss man dieses Risiko immer anhand der individuellen Situation!

Warum überhaupt eine Absicherung bei Tod? Nun, was passiert denn, wenn jemand gestorben ist? Eine Beerdigung ist üblicherweise die Folge, und die kann schnell sehr teuer werden, mit Gebühren, Grabmiete, Blumen, Trauerfeier etc. ist man schnell bei 6.000 € bis 10.000 €. Hat ein alleinverdienender Ehepartner die Familie versorgt und ist von heute auf morgen nicht mehr da, sollte eine Summe mindestens in Höhe von 3 Jahresgehältern zur Auszahlung kommen. Bei einer noch fälligen Finanzierung sollte die Versicherungssumme auch eine Schuldentilgung vorsehen. Im Vergleich zur früheren Lebensversicherung ist eine Risikolebensversicherung allemal die günstigere Alternative, und eine Trennung von Risikoabsicherung und Kapitalbildung wird auch immer wieder empfohlen.

Wenn nun beispielsweise in einer jungen Familie der Hauptverdiener ausfällt, drohen häufig wirtschaftliche Schwierigkeiten: Die gesetzliche Rentenversicherung zahlt erst nach Ablauf der sogenannten allgemeinen Wartezeit von 60 Monaten Witwen- und Waisenrenten. Zwar gibt es verschiedene Ausnahmeregelungen, zum Beispiel für Berufsanfänger, auf jeden Fall sind die Zahlungen aber relativ gering. Denn die Rentenansprüche aus der Sozialversicherung hängen überwiegend davon ab, wie lange beziehungsweise in welcher Höhe der Versicherte Beiträge gezahlt hat. Insbesondere derjenige, der ein Darlehen aufnimmt, beispielsweise für die Anschaffung einer Wohnung oder eines Hauses, sollte eine Risikolebensversicherung abschließen. Eine besondere Form der Risikolebensversicherung ist die Restschuldversicherung. Sie deckt – etwa bei einem Kauf auf Raten – genau die Summe ab, die der Käufer zum Zeitpunkt seines Todes noch schuldig ist. So garantiert sie, dass die Hinterbliebenen die Restschuld bezahlen können.

Bei Familie Glück wäre es durchaus sinnvoll, wenn beide Elternteile eine Versicherungssumme für den Fall des Ablebens hätten, damit ihr Sohn im Ernstfall finanziell abgesichert wäre. Nur so ist er als Waise auch in der Lage, sein bisheriges Leben einigermaßen unverändert weiterführen zu können. Auch eine gegenseitige Absicherung der Eltern schützt beide vor den finanziellen Risiken, die im Todesfall auf hinterbliebene Verwandte zukommen können. Sollte der Hauptverdiener ausfallen, aber noch Finanzierungsraten für Haus, Auto oder Sonstiges anfallen, sollte eben eine entsprechend hohe Versicherungssumme vereinbart sein.

Wie bei der Berufsunfähigkeitsversicherung auch, sollte prüfen, wer sich ewig bindet, ob das Versicherungsunternehmen im Leistungsfall eine exzellente Regulierung vorweisen kann. Auch hier treten nur wenige Unternehmen positiv in Erscheinung. Der monatliche Beitrag sollte deshalb erst im zweiten Schritt betrachtet werden, denn wer will nach dem Verlust eines geliebten Menschen erst mit einem Rechtsanwalt gegen ein milliardenschweres Versicherungsunternehmen streiten, um nach einigen Jahren dann endlich die vertraglich zugesicherte Versicherungssumme zu bekommen? Gerade wenn es um hohe Summen geht, weigern sich manche Leistungsträger lieber, ehe sie verfrüht zahlen. Der Idealfall sollte wie folgt aussehen:

Wichtig:
- Der Todesfall muss unverzüglich gemeldet werden!
- Die Kapitalzahlung ist in der Regel steuerfrei!

---

4 bis 8 Wochen nach Todesfall wird die Versicherungssumme geleistet. In der Praxis kann sich diese Zeit durch entsprechende Gerichtsverfahren und gegnerische Anwälte auch mal bis zu 5 Jahre hinziehen. Aber ist es denn Sinn der Sache, nach dem Tod eines geliebten Menschen noch 5 Jahre zu prozessieren, um eine Leistung zu erhalten, die man vertraglich vereinbart hat? Nein! Und genau deshalb sollten Sie auf Punkte wie *„Leistungsregulierung im Schadensfall"* achten. Denn Qualität hat auch hier ihren Preis. Wobei man natürlich froh sein kann, wenn man seinen Beitrag ein Leben lang umsonst bezahlt hat!

Es gibt mehrere Möglichkeiten, den Todesfall abzusichern, die allerdings hier nur aufgezählt und nicht näher erläutert werden sollen:

- klassische Lebensversicherung
- Risikolebensversicherung
- Sterbegeldversicherung
- Fondsgebundene Rentenversicherung
- Unfallversicherung mit Beitragsrückgewähr

4. Private Krankenversicherungen – Pflegeversicherung

Neuerdings hat selbst die Werbung schon den Begriff *„Medizin erster Klasse"* benutzt. Was für viele nicht neu ist, wird nun auch offiziell propagiert. Privat Versicherte scheinen Patienten erster Klasse zu sein, und wer sich gesetzlich versichern muss, fährt zweiter Klasse. Dieses Phänomen ist in allen Bereichen der Krankenabsicherung zu finden. Ob beim Zahnarzt, beim Gynäkologen oder im Pflegebereich. Der Pflegebereich weist besonders große Lücken auf, wenn man nicht zusätzlich vorgesorgt hat. Aber fast bei jedem Arzt muss man vieles extra bezahlen, Medikamente erfordern Zuzahlungen, und auch die 10 € Praxisgebühr sind nicht zu vernachlässigen. Wer sich gesetzlich versichern muss, hat nur Anspruch auf eine medizinische Grundversorgung. Ich denke, jeder, der schon mal beim Arzt war, kann das nachvollziehen. Die normalen Kosten, welche man zusätzlich selbst tragen muss, obwohl man ja eigentlich jeden Monat von seinem Bruttogehalt einen nicht unerheblichen Teil an Krankenversicherungsbeiträgen leisten muss, sind noch im Rahmen. Aber wenn Sie mal wirklich ernsthaft krank werden und Ihre gesetzliche Kasse Ihnen klar macht, dass die notwendige Behandlung nun mal mehrere tausend Euro kostet, aber sie diese nicht übernimmt, merken Sie erst, was es wirklich bedeutet, gesetzlich versichert zu sein! Der medizinische Fortschritt und der demographische Wandel lassen die Kosten explodieren. Alleine die Zahl der Organtransplantationen hat sich vervielfacht: Mitte der siebziger Jahre wurden nur wenige hundert Organe jährlich transplantiert, heute sind es mehrere tausend pro Jahr. *„Und alleine eine Leberverpflanzung schlägt nach Angaben des Uniklinikums Heidelberg mit 150.000 bis 200.000 Euro zu Buche"* (Hartmann & Schickling 2009, S. 55). Leider bietet die gesetzliche Krankenversicherung bei steigendem Beitrag immer weniger Leistung, denn alleine die beitragsfreie Mitversicherung von Kindern kostet jährlich rund 14 Milliarden Euro.

Es gibt natürlich von privaten Krankenversicherungen jede Menge verschiedener Angebote über Krankenzusatzversicherungen, sei es Ersatz bei Zahnbehandlung, Brillen, Auslandsreiseschutz, Heilpraktikerleistungen, Chefarztbehandlung, Zweibettzimmer im Krankenhaus und, und, und. Doch eine dieser Krankenzusatzversicherungen möchte ich an dieser Stelle besonders erwähnen: die Pflegezusatzversicherung. Sie ist einer der am meisten unterschätzten Bereiche, denn mit ihr lässt sich die zukünftige Altersarmut aller Generationen auffangen.

Stellen Sie sich vor, Sie sind auf die gesetzliche Pflegepflichtversicherung angewiesen. Kennen Sie einen Pflegefall? Wissen Sie, wie viel ein anständiges Pflegeheim kostet?

Die Lücken in der gesetzlichen Pflegeversicherung sind immens, und eine neue Versorgungslücke von beängstigendem Ausmaß rollt auf uns Deutsche zu: denn weniger als die Hälfte der Bevölkerung sorgt entsprechend schon privat vor. Denn

wie alles im Leben hat auch der medizinische Fortschritt seine Nachteile: Einerseits werden die Bundesbürger zwar immer älter, weil vor allem die moderne Medizin ihnen dazu verhilft, länger das Leben genießen zu können. Und das ist auch gut so. Doch diese an sich erfreuliche Entwicklung hat andererseits auch ihre Haken und Tücken, die man oftmals erst auf dem zweiten Blick erkennt. Mit zunehmendem Alter wächst die Wahrscheinlichkeit, zwar relativ lang zu leben, aber dies nicht unbedingt bei allerbester Gesundheit und Konstitution. Die Sorge, im Alter krank zu werden und dann letztendlich als Pflegefall ein kümmerliches Dasein zu fristen, ist nahe liegend. Auch haben viele ältere Menschen Angst davor, ihren Verwandten oder der Sozialhilfe zur Last zu fallen, denn die Pflege ist auch ein Angriff auf die Familie – in finanzieller Hinsicht. Verwandte des 1. Grades (Ehepartner, Kinder und Eltern) haften nämlich für die Kosten einer möglichen Pflege mit ihrem Vermögen. Früher waren es meist die Ehefrauen, Töchter und Schwiegertöchter, die sich im Pflegefall um den Betroffenen kümmerten, doch da heute vermehrt beide Partner arbeiten und oft die örtliche Distanz solche Lösungen nicht mehr zulässt, stellt sich die Frage: Wer hat da die Zeit, sich noch um die Pflege zu kümmern? Dies zeigen auch diverse Statistiken, da die Zahl der Heimbewohner immer weiter zunimmt.

Das Erschreckende daran ist, dass Frauen von diesem beängstigenden Umstand besonders betroffen sind. *„Die Zahlen des Statistischen Bundesamtes in Wiesbaden sprechen eine deutliche Sprache. Denn Modellrechnungen des Amtes haben folgendes Schreckensszenario ergeben: Die Bevölkerung wird im Durchschnitt nämlich nicht nur immer älter, sondern auch immer kränker. In Zahlen ausgedrückt wird einem das Ausmaß dieser Entwicklung erst wirklich klar. Die Anzahl der Pflegebedürftigen würde demnach bis zum Jahr 2030 um satte 58 Prozent ansteigen. Beängstigend. Denn müssen heute schon rund 2,1 Millionen Menschen im Alter die Pflegeangebote von Anbietern und Institutionen in Anspruch nehmen, so würde diese Zahl auf 3,4 Millionen in nur gut 20 Jahren ansteigen. Die Berechnungen des Bundesamtes basieren dabei allein auf der Erkenntnis, dass lediglich die Anzahl der älteren Menschen in Deutschland stark anwächst. Von wegen schöner, ruhiger Lebensabend! Und dabei gehen die Statistiker sogar noch von einer eher geringeren Lebenserwartung aus, als dies die Aktuare der deutschen Versicherer tun. Ihren mathematischen Berechnungen zufolge, die auch in den aktuellen Sterbetafeln ihren Niederschlag finden, haben derzeit Männer im Alter von 65 Jahren noch eine Lebenserwartung von 24 Jahren. Hierbei liegen die Frauen mit 27 Jahren Lebenserwartung sogar noch weiter vorn. Und bis zum Jahr 2040 erhöht sich diese Erwartung, am Leben zu bleiben, sogar noch auf voraussichtlich 30 Jahre bei Männern und 34 Jahre bei Frauen"* (Eichler 2008, S. 56).

Wie so oft fragt sich der Einzelne nun: *„Wieso sollte ausgerechnet ich Pflegefall werden? Ich bin doch kerngesund."* – Aber was, wenn doch?

Für eine vollstationäre Pflege mit Heimversorgung liegen die Kosten beim höchsten Pflegesatz im Durchschnitt bei monatlich 2.581,44 €. Das bedeutet versicherungstechnisch konkret, dass eigentlich Monat für Monat rund 1.109 € aus der privaten Schatulle dazubezahlt werden müssten, und hierin sind noch keine besonderen Zusatzleistungen enthalten. Ein guter Pflegeplatz kann auch schnell weit über 3.000 € kosten ... Wer soll das bezahlen? Wer kann das bezahlen? Geht man rein rechnerisch einmal allein den durch die gesetzliche Rente gegebenen Möglichkeiten nach, kann einem schwindelig werden. Wer also nicht ergänzend vorsorgt, der muss sich jetzt schon darauf einstellen, auch bei geringerem Pflegebedarf eigene Mittel aufzuwenden oder sogar Sozialleistungen zu beantragen. Und diese Erkenntnis trifft in der Hauptsache die Frauen Deutschlands. *„Und noch eine Zahl spricht leider dafür, dass insbesondere die weibliche Bevölkerung in Sachen Vorsorge im Bereich Pflege rechtzeitig aktiv werden muss: Denn von den rund 640.000 Pflegebedürftigen, die gemäß den Angaben des Statistischen Bundesamtes in Heimen betreut werden mussten, waren erstaunlicherweise 78 % Frauen. Das wirklich Erschreckende aber ist, dass aktuell noch nicht einmal die Hälfte der Deutschen vorsorgt"* (Eichler 2008, S. 56). Dabei tragen Menschen, die bereits heute 60 Jahre und älter sind, das allergrößte Risiko. Aber auch nur jeder Dritte aus dieser Gruppe hat für den nicht ganz unwahrscheinlichen Pflegefall finanziell vorgesorgt. Ernüchternde Fakten über die Pflegeversicherung ...

Die schlimmste Konsequenz aus rein finanzieller Sicht ist in einem solchen Fall dann die Auflösung von bestehendem Sachkapital des Betroffenen, sprich der Verkauf von bereits abbezahlten Immobilien oder anderen Wertgegenständen, die für eine Vererbung dann nicht mehr in Frage kommen. Entscheidend ist ebenso, dass Verwandte 1. Grades in gewissem Maße zusätzlich zur Finanzierung herangezogen werden, bevor die Sozialhilfe greift. Aber die Rechnung ist einfach: Wenn Sie als Pflegefall monatlich ein Defizit von 1.150 € haben und eine Lebenserwartung von nur noch 15 Jahren, fehlen Ihnen 207.000 €, mit denen Sie Ihre Verwandten belasten. Wollen Sie das?

Wussten Sie eigentlich?

Wer – neben den Beiträgen zur gesetzlichen Pflegeversicherung – zusätzliche freiwillige Beiträge in eine private Pflegeversicherung einzahlt, kann diese bis zu einer Höchstgrenze von 184 € im Jahr als Sonderausgaben geltend machen. (Voraussetzung ist aber, dass die Person nach dem 31.12.1957 geboren wurde.) http://www.steuerthek.de/tippsurteile/tipp0202.htm

Nun wurden zwar die gesetzlichen Pflegeleistungen zum 1. Juli 2008 erhöht, ab 2010 sollen die Leistungen sogar weiter ansteigen, aber ausreichen wird diese Erhöhung bei weitem nicht. Folgende Tabelle gibt einen kurzen Einblick in die Entwicklung der Pflegeleistungen:

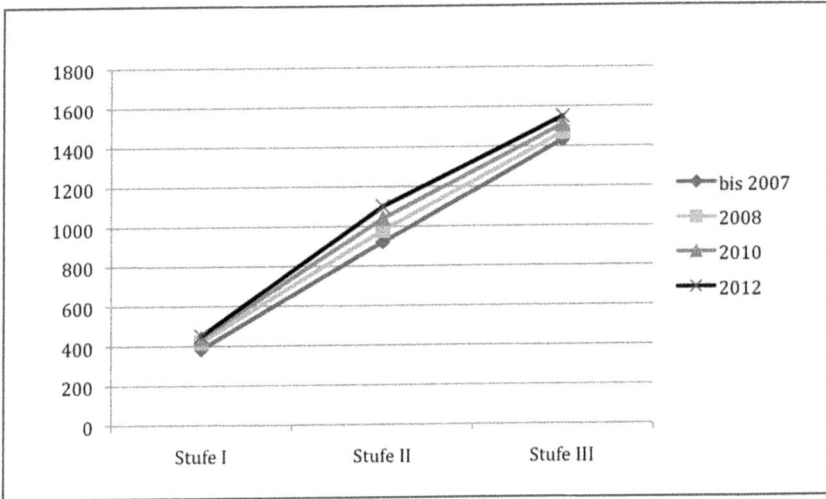

Wie nahe die Kurven beisammen liegen, zeigt den minimalen Anstieg, und 1.600 € würden heute für vollstationäre Pflege auch bei weitem nicht reichen, wenn man sich die Kosten ansieht. Und bei einer angenommenen jährlichen Zunahme der Geldentwertungsrate von 2 % werden aus 3.000 € Kosten für ein Pflegeheim innerhalb von nur 10 Jahren 3.656 €. Das sind 21,86 % mehr. Und eine Zunahme von 2 % im Pflegebereich wird sicherlich in der Realität sehr schnell übertroffen werden. Dass die gesetzlichen Leistungen hier nicht reichen, sollte Ihnen nun bewusst sein. Der Grund dafür, warum die gesetzlichen Leistungen nicht mehr ausreichend sind, ist die unsolide staatliche Finanzierung. *"„Die Pflegeversicherung wird irgendwann kollabieren', betont Prof. Dr. Bernd Raffelhüschen, Pflegeexperte beim Institut für Volkswirtschaftslehre und Finanzwissenschaft"* (Schelauske 2008, S. 84). Genau deshalb plant unsere schwarz-gelbe Regierung auch eine zusätzliche, private Pflegeversicherung einzuführen.

Interview mit Prof. Dr. Bernd Raffelhüschen
aus Fonds exklusiv Nr. 3/2008: *„Flugzeug ohne Landebahn"*

„Die Pflegeversicherung wird irgendwann kollabieren", sagt Prof. Bernd Raffelhüschen vom Institut für Volkswirtschaftslehre und Finanzwissenschaft. Der Pflegeexperte erläutert, warum wir das Pflegerisiko stärker selbst schultern müssen, anstatt es auf künftige Generationen abzuwälzen.

FONDS exklusiv: *Angefangen bei den Pflegesätzen bis zu Demenzerkrankungen – die Leistungen in der gesetzlichen Pflegeversicherung wurden deutlich erhöht. Ist das Pflegerisiko für die Bürger damit geringer geworden?*

BERND RAFFELHÜSCHEN: Die Leistungen in der gesetzlichen Pflegeversicherung sind erhöht worden, obwohl schon das bestehende Leistungsniveau nicht finanzierbar ist. Ob dies dann für mehr Sicherheit sorgt, möchte ich doch bezweifeln.

Woran krankt die gesetzliche Pflegeversicherung?
B.R.: Schon bei ihrer Einführung im Jahr 1995 war es absehbar: In Deutschland wird es doppelt bis drei Mal mehr Pflegefälle geben wie heute. Gleichzeitig wird die Zahl der Beitragszahler um 25 bis 35 Prozent abnehmen. Diese Zahlen beziehen sich auf heute hier lebende Menschen. Deshalb können wir daran nichts mehr ändern. So wird sich die Situation in 20 bis 30 Jahren darstellen.

Wie lässt sich diese Finanzierungslücke durch Reformen schließen?
B.R.: Es war von vornherein klar, und das wurde auch öffentlich gesagt, dass die Pflegeversicherung nicht nachhaltig finanziert werden kann. Wir müssen uns darüber im Klaren sein, dass wir das Pflegerisiko verstärkt selbst schultern müssen, anstatt es auf die zukünftigen Generationen abzuwälzen. Denn die heutigen Kinder und Jugendlichen werden im Erwerbsleben mit enormen Kosten belastet. Sie müssen mit Beitragssätzen von 7 % und mehr rechnen.

War es falsch, die Pflegeversicherung durch lohnbezogene Beiträge zu finanzieren?
B.R.: Sicher, jeder weiß doch, dass mit einer Lohnerhöhung nicht das Pflegerisiko steigt. Dennoch muss mit jeder Lohnerhöhung mehr eingezahlt werden, obwohl das persönliche Pflegerisiko gleichgeblieben ist. Hinzu kommt, dass die heutigen

Pflegebedürftigen nichts in die Pflegeversicherung eingezahlt haben. Sie sind die Einführungsgewinner eines neu gegründeten Kettenbriefs. Denn sie haben nicht für die Leistungen bezahlt. Die Menschen bekommen sie geschenkt. Im Grunde ist die gesamte Pflegeversicherung falsch gestaltet worden.

Die gesetzliche Pflegeversicherung ist also nicht mehr als eine Grundsicherung?
B.R.: Ich bin sehr skeptisch, ob wir aus lohnbezogenen Beiträgen selbst eine Grundsicherung finanzieren können und ob das richtig wäre. Wir haben einen Generationenvertrag in dem Wissen begonnen, dass wir ihn nicht einhalten können. Oder anders gesagt, das Flugzeug Pflegeversicherung wurde gestartet, ohne dass eine Landebahn gebaut wurde. Zudem haben wir dem deutschen Mittelstand einen großen Gefallen getan, und der gibt Geschenke nicht gern zurück.

Wie meinen Sie das?
B.R.: Bis zur Einführung der Pflegeversicherung musste jeder das Pflegerisiko allein absichern, es sei denn er war arm. Dann hat ihm der Staat über die Sozialhilfe geholfen. Nach der Einführung stehen die sozial Schwachen genauso da, nur dass ihre finanziellen Verhältnisse nicht mehr kontrolliert werden. Geändert hat sich aber die Situation für jene, die früher aus dem sozialen Netz herausfielen, weil sie nicht arm waren. Das heißt: Die Gewinner sind die Reichen und der Mittelstand. Denn sie können jetzt ihre Vermögen vererben, weil die Absicherung des Pflegerisikos von allen Beitragszahlern getragen wird.

Wie groß ist die Wahrscheinlichkeit für die heutigen Beitragszahler, später selbst pflegebedürftig zu werden?
B.R.: Für Menschen, die heute zwischen 20 und 40 Jahre jung sind, wird es immer wahrscheinlicher, dass sie im Jahr 2050 oder 2060 zum Pflegefall werden. Denn die Wahrscheinlichkeit, dass sie länger leben werden, steigt ständig.

Wie hoch ist die finanzielle Pflegelücke heute?
B.R.: Die Pflegekosten für einen heutigen Pflegefall liegen bei etwa 15.000 € jährlich. Die Leistungen der gesetzlichen Pflegeversicherung liegen bei durchschnittlich 4.000 € pro Jahr. Die Differenz beschreibt die Pflegelücke, die für jeden unterschiedlich ausfällt. In die gesetzlichen Pflegekassen wird von den heutigen Beitragszahlern, die in 30 oder 40 Jahren pflegebedürftig werden können, allerdings nur

300 bis 400 € pro Jahr eingezahlt. Folglich wird das System irgendwann in diesem Jahrhundert kollabieren.

Vielfach wird angenommen, dass im Zweifel der Staat einspringt, sollte man selbst später pflegebedürftig werden, die Pflegekosten aber nicht finanzieren können. Stimmt das?

B.R.: Zunächst muss der Pflegebedürftige auf sein eigenes Einkommen zurückgreifen. Reicht das zur Deckung der Pflegekosten nicht aus, und das ist in der Regel der Fall, dann wird dessen Altersrente zur Finanzierung herangezogen. Ist diese Rente zu gering, weil der Betroffene selbst wenig in die Rentenversicherung eingezahlt hat oder weil die Pflegekosten zu hoch sind, dann müssen seine Kinder für ihn einspringen, sofern bestimmte finanzielle Freigrenzen überschritten sind. Im Übrigen ist das seit vielen tausend Jahren so: Die Kinder unterstützen ihre pflegebedürftigen Eltern und Großeltern – so wie ihre Eltern früher für sie eingetreten sind.

5. Hausratversicherung

Es gibt mittlerweile immer mehr Vermieter, die im Mietvertrag nicht nur die Privathaftpflichtversicherung verlangen (wegen der Mietsachschäden), sondern eben auch eine Hausratversicherung. Die Hausratversicherung schützt im Gegensatz zur Wohngebäudeversicherung all diejenigen Dinge, die lose im Haus verankert sind. Stellen Sie sich vor, Sie nehmen Ihr Haus in die Hand und schütteln es. Alles, was herausfällt (Ausnahmen bestätigen auch hier die Regel), ist der Hausrat, der über Ihre Hausratversicherung geschützt wird.

Sehr geehrte Damen und Herren,

Sie fordern eine Begründung, wie es dazu kam, dass mein Zaun von einem Sturm zerstört worden ist. Nach anfänglicher Ratlosigkeit, was man da wohl schreiben soll, trage ich, weil ich dennoch gezwungen bin zu antworten, um meinen Pflichten als Versicherungsnehmerin nachzukommen, nun ordnungsgemäß vor:

Die Sonne wärmt die Luft weltweit unterschiedlich. Wo sie senkrecht auf die Erde trifft (am Äquator), wärmt sie stärker als da, wo sie schräg auftrifft (Nord- und Südpol). Und über Land wärmt sie stärker als über dem Meer.

Aufgewärmte Luft dehnt sich aus, der Luftdruck wird an diesen Stellen höher (man nennt das „Hochs"). An kühleren Stellen bleibt der Luftdruck niedrig („Tiefs"). Die Luft versucht, diese Druckunterschiede wieder auszugleichen: Sie strömt von Gebieten mit hohem Luftdruck in Gebiete mit niedrigem Luftdruck – je größer die Druckunterschiede sind, umso schneller bewegt sich die Luft. Bei 6 km/h nennt man das Wind.

Ab 75 km/h ist die Bezeichnung dafür Sturm, ab 118 km/h Orkan.

So schnell ist die Luft aber nur bei extremen Druckunterschieden. Ein solcher Druckunterschied lag am Schadenstag über Deutschland vor. Zur Unglückszeit passierte schnelle Luft den Großraum Hessen, wobei sie auch durch Asterode und an meinem Haus vorbeikam. Da mein Haus der schnellen Luft im Wege stand, sollte es weggepustet werden. Das jedoch ließ mein treuer Zaun nicht zu.

Um das Haus zu schützen, hat sich mein armer Zaun mit aller Kraft gegen die schnelle Luft gestemmt. Es gelang ihm zunächst, sich und das Haus erfolgreich zu verteidigen, so dass die schnelle Luft gezwungen war, den Weg durch das Nachbarhaus zu nehmen.

Als das große Dach des Nachbarhauses in einem Stück vorbeigeflogen kam, was nur in sehr seltenen Fällen vorkommt, muss mein Zaun erschrocken oder zumindest kurz abgelenkt gewesen sein. Die schnelle Luft hat ihre Chance sofort genutzt und meinen treuen Zaun heimtückisch niedergedrückt. Der Held brach zusammen und starb noch am Boden liegend vor dem Haus, welches er jedoch immerhin erfolgreich beschützt hatte.

Das ist meiner Ansicht nach der Vorgang, so wie er sich real zugetragen hat.

Es könnte jedoch auch weniger dramatisch gewesen sein und der Fall ist als ganz gewöhnlicher Sturmschaden zu behandeln, dem nichts hinzuzufügen ist, außer dass an dem Tag in Asterode – wie in ganz Deutschland – Sturm war.

Sollte weiterer Vortrag notwendig sein, Zeugenaussagen begehrt oder Ihrer Ansicht nach eine Obduktion des Zaunes erforderlich sein, stehe ich gerne zur Verfügung.

Hochachtungsvoll,

$Frau\ Mustermann$

Frau Mustermann.

So oder so ähnlich schrieb eine sehr korrekte Versicherungsnehmerin eine Schadenmeldung an Ihre Versicherung. Sie wurde aufgefordert, zu erklären, wie es dazu kommen konnte, dass ein Sturmschaden an ihrem Gartenzaun entstanden ist. Sie fühlte sich wohl etwas *„verarscht"* und reagierte entsprechend. Ob dieser Brief wirklich so ankam, ist nicht nachzuvollziehen.

Hans Glück hat vor einigen Jahren auch eine Hausratversicherung abgeschlossen, obwohl seine Frau damals sagte, die bräuchten sie eh nicht. Nun gab es aber an ebenjenem Tag im Dorf der Glücks ein Blitzeinschlag, der einen Überspannungsschaden verursachte. Hans Glück hatte sich vor einem halben Jahr einen neuen Computer (Wert: 1.900 €), einen neuen Fernseher und Stereosoundanlage (Wert 1.850 €), Drucker und Bürozubehör wie Telefonanlage, WLAN-Box, Fax und Kaffeemaschine (Wert gesamt: 1.600 €) sowie eine neue Waschmaschine (800 €) geleistet, die daraufhin alle defekt waren. Zum Glück hat Hans Glück damals 90.000 € Versicherungssumme (138 qm) gewählt und in seiner Police Überspannungsschäden zu 100 % der Versicherungssumme mitversichert. Das war zwar 20 € pro Jahr teurer, aber seine Geräte im Wert von 6.150 € bekommt er nun vollständig ersetzt.

Nehmen wir ein weiteres Beispiel mit Herrn Glück. Unser guter Hans ist zu Besuch bei Sabine Pech und lässt bei einem kurzen Spaziergang seinen Mantel in ihrer Wohnung hängen. In der Zwischenzeit brennt Sabines Wohnung komplett ab. Obwohl es dabei eigentlich ganz andere Fragen zu beantworten gilt, widmen wir uns nun Herrn Glücks Mantel. Ist dieser versichert? Denn die Hausratversicherung deckt doch nur den eigenen Hausrat ab? Was denken Sie? Aber Sabine Pech hat wie immer eh Pech gehabt, denn sie hat gar keine Hausratversicherung. Sie dachte sich, dass sie seit sechs Jahren keinen Schaden hatte und keine Hausratversicherung bräuchte. Deswegen hat sie vor einem Jahr gekündigt. Ansonsten wäre der Mantel über die Hausratversicherung abgesichert gewesen, ebenso wie ihr eigener Hausstand.

Hans ist übrigens auch leidenschaftlicher Briefmarkensammler. Keiner versteht ihn, aber er hütet seine Schätze sorgfältig im Hobbyraum. Doch eines Tages kommen er und seine Frau nach Hause zurück und entdecken Einbruchspuren an der Haustür. Es wurden einige Dinge aus dem Haus gestohlen, zum einen die Briefmarkensammlung im Wert von ca. 28.000 € sowie 3.000 € Bargeld und der Schmuck von Gudrun, zum anderen vererbte Stücke und weitere wertvolle Dinge. Gesamtwert Schmuck: 5.900 €. Aber auch gegen Einbruchdiebstahl kann man sich versichern. Zum Glück hatte Hans Glück beim Abschluss seiner Hausratversicherung daran gedacht, und so erhält er jetzt auch seine 36.900 €.

Unsere Sabine war bekanntlich seit einiger Zeit schon der Meinung, keine Hausratversicherung zu brauchen, so geschah es natürlich auch ihr, dass in ihrer Wohnung ein verrostetes Abwasserrohr in der Wand brach und sich das Wasser, während sie im Urlaub war, durch die Wände fraß, die Tapeten und den Boden beschädigte, die Möbel unter Wasser setzte und auch die neue, teure Couch beschädigte, die an eben jener Wand stand.

Nun kann es Ihnen auch passieren, dass jemand Ihre Garage aufbricht und Ihre neuen, teuren Winterreifen klaut. Ist das denn jetzt Hausrat? Aber die Reifen gehören doch zum Auto? Nun, über die Teilkaskoversicherung bekommen Sie den Zeitwert ersetzt, abzüglich Ihrer Selbstbeteiligung. Im Falle der Hausratversicherung erstattet man Ihnen in der Regel den Neuwert, und wenn Sie keine Selbstbeteiligung haben, sogar ohne Abzug! Manche Teile sind eben doppelt versichert.

Bezahlt meine Hausratversicherung denn eigentlich auch, wenn ich meine Brille und meine Zeitung auf dem Frühstückstisch liegen lasse, zur Arbeit fahre und die Sonne durch das Fenster auf die Brille fällt und, wie durch ein Brennglas, die Zeitung in Brand setzt? Bei so einem Schaden können 40.000 € schnell „verbrennen". Doch auch hier hilft Ihnen die Hausratversicherung und übernimmt den Schaden.

Richtig versichert – einige Tipps zum Schluss

Trotz aller Sicherungsmaßnahmen wird man sich nicht hundertprozentig gegen Einbrecher schützen können. Ebenso kann es jederzeit passieren, dass Sie einen Leitungswasserschaden wegen verrosteter Rohre haben, ein Sturm Ihren Hausrat beschädigt oder eine brennende Kerze einen Wohnungsbrand auslöst. Auch in diesen Fällen sollte man eine Hausratversicherung besitzen.

Passiert nun etwas, ist es wichtig, auch richtig versichert zu sein. Eine Unterversicherung vermeiden Sie, wenn Sie eine Versicherungssumme von 650 € pro Quadratmeter Wohnfläche vereinbaren. Allerdings sollte immer zusätzlich eine individuelle Berechnung stattfinden, um die richtige Versicherungssumme zu ermitteln. Haben Sie eine große Wohnung und wenig Einrichtung, brauchen Sie eventuell weniger, haben Sie viele teure Möbel, Antiquitäten und eine hochwertige Inneneinrichtung brauchen Sie schnell mehr als die genannten 650 € pro Quadratmeter.

Nach einem Einbruchdiebstahl müssen Sie den Schaden unverzüglich Ihrer Versicherung melden. Auch eine polizeiliche Anzeige ist erforderlich. Dabei müssen Sie eine Liste der gestohlenen Gegenstände einreichen (Stehlgutliste). Fertigen Sie deshalb am besten im Vorfeld eine Liste der teuersten Wertgegenstände in Ihrem Haushalt an. Bei elektrischen Geräten sollten Sie sich Hersteller und Typenbezeichnungen notieren. Auch Kaufquittungen sollten Sie aufbewahren, von Antiquitäten Fotos machen und Urkunden und wichtige Dokumente kopieren.

Diese Unterlagen sollten Sie an einem sicheren Ort und möglichst nicht in der eigenen Wohnung aufbewahren. Sie erleichtern es Ihrer Versicherung, die Entschädigungssumme zu ermitteln. Digitale Bilder Ihrer Wohnung sollten Sie wenn möglich auch separat abspeichern, zum Beispiel auf dem Computer in der Arbeit.

Was tun, wenn eingebrochen wurde?

- Melden Sie den Einbruch umgehend der Polizei und Ihrer Versicherung. Halten Sie dazu Ihre Versicherungsschein-Nummer bereit.
- Verändern Sie nichts in Ihrer Wohnung, bis die Polizei eintrifft. Beseitigen Sie auch keinen Dreck oder sonstige Spuren.
- Unterstützen Sie die Polizei bei der Feststellung des Schadens, indem Sie Auskünfte erteilen und Belege vorzeigen.
- Reichen Sie eine Aufstellung aller gestohlenen Gegenstände, die sogenannte Stehlgutliste, bei der Polizei und Ihrer Versicherung ein.

- Sind Fahrräder gestohlen worden, teilen Sie der Polizei und Ihrer Versicherung Hersteller, Marke und Rahmennummer mit.
- Sperren Sie die Konten gestohlener Sparbücher, EC- und Kreditkarten.

Ein weiteres Problem sind die immer häufiger auftretenden Schäden im Bereich der Elementarversicherung. Dieser Baustein der Hausrat- und Wohngebäudeversicherung schützt Ihre Immobilie und den Hausstand vor Risiken wie Überschwemmung, Erdbeben, Erdfall, Erdrutsch, Schneedruck, Rückstau, Lawinen und Vulkanausbrüche. Gerade in der heutigen Zeit merken wir, dass der Klimawandel nicht mehr wegzudiskutieren ist und wir mit einer Zunahme der unwetterbedingten Schäden rechnen müssen. Dies geht auch aus einem Pressebericht der Münchener Rückversicherung hervor:

„Wissenschaftliche Studien belegen: Der Klimawandel ist eine der größten Herausforderungen in den kommenden Jahren – und er ist von Menschen gemacht. ,Große Wetterkatastrophen werden häufiger, wodurch künftig auch die volkswirtschaftlichen Schadenbelastungen neue Größenordnungen erreichen dürften. So haben sich beispielsweise die durch Wetterextreme verursachten gesamtwirtschaftlichen Schäden in Europa in den letzten 20 Jahren verdoppelt. Die Schadensumme stieg im gleichen Zeitraum inflationsbereinigt von 6 auf 12 Milliarden Euro an. Wenn nicht umgehend signifikante Maßnahmen zur Eindämmung des Klimawandels eingeleitet werden, kann die Erderwärmung bis zum Ende dieses Jahrhunderts um bis zu sechs Grad zunehmen. Die Folgen könnten abrupte Klimaänderungen mit katastrophalem Ausmaß sein', so Prof. Dr. Peter Höppe. Weltweit zeigt der Klimawandel seine starke Wirkung, Anpassung und Versicherung rücken immer mehr in den Fokus der Diskussion. ,Das Management des Klimawandels eröffnet eine Vielzahl von wirtschaftlichen Chancen', erklärte Höppe. Mit welchen innovativen Versicherungsprodukten nicht nur Anpassungsmaßnahmen, sondern auch die Entwicklung klimafreundlicher Technologien

unterstützt werden können, veranschaulichte ERGO-Vorstand Christian Diedrich: ,Technologien, die etwa zur Gewinnung erneuerbarer Energie eingesetzt werden, benötigen einen guten Versicherungsschutz. Daher bieten wir Spezialdeckungen für Photovoltaik-, Windenergie-, Wasserkraft- und Geothermie-Anlagen sowie Brennstoffzellen. (…) Glaubwürdig können die Chancen des Klimawandels aber nur genutzt werden, wenn man als Versicherer selbst eine Klimastrategie entwickelt und beispielsweise Maßnahmen zur CO_2-Reduzierung und Klimaneutralität umsetzt'" (http://www.nachhaltigwirtschaften.net/scripts/basics/eco-world/wirtschaft/basics. prg?a_no=2351).

Doch wie bereits erwähnt, unterliegen nicht nur Sachen im Bereich der Hausratversicherung den Gefahren des Alltags, sondern auch Ihr Gebäude selbst kann von Schäden betroffen sein. Deshalb wollen wir uns im nächsten Kapitel dem Teil des Hauses widmen, der beim Schütteln in der Hand bleibt.

6. Wohngebäudeversicherung

Auch bei der Wohngebäudeversicherung kommen wir in den Bereich der neuen Umweltrisiken. Dasselbe Unwetter, das die technischen Geräte von unserem Hans Glück beschädigte, verursachte auch Schäden am äußeren Bereich des Hauses. Der Sturm blies einige Ziegel vom Dach, beschädigte Teile des Balkons und die Fensterläden, drei Fenster gingen zu Bruch, und ein Baum fiel auf die Garage. Auch hier hilft wieder das Unternehmen aus, bei dem er versichert ist. Da bei extremen Stürmen in Deutschland und vielen anderen Ländern auf dieser Welt Jahr für Jahr Milliarden an Euro oder Dollar für Schadensleistungen anfallen, sollte auch jeder Hausbesitzer sein Eigentum entsprechend richtig versichern. Denken Sie an die Hochwasser in den neuen Bundesländern, an den LKW, der in ein in Haus raste, die vielen Brände und andere Schreckensmeldungen. Keiner dieser Hausbesitzer hatte im Vorfeld eine höhere Wahrscheinlichkeit, einen Schaden zu erleiden, als viele andere.

Eine Absicherung sollte daher besonders in den Bereichen Feuer, Leitungswasser und Sturm beziehungsweise Hagel bestehen. Hausbesitzer, deren Haus noch mit einer Hypothek belastet ist, sind sogar vonseiten der Bank gehalten, das Gebäude entsprechend zu versichern. Schäden, die insbesondere nach einem Brand, aber auch durch Leitungswasser (Rohrbrüche), Sturm oder Hagel entstehen, sind häufig sehr hoch. In manchen Fällen kann so ein Schaden schnell zum finanziellen Ruin führen.

Bei der Wohngebäudeversicherung handelt es sich um eine sogenannte *„verbundene Versicherung"*, das heißt, die Prämien werden für jedes Risiko einzeln kalkuliert. Man kann die Gefahren wie Feuer, Leitungswasser, Sturm/Hagel sowohl jeweils in einzelnen Policen als auch in Zweier- oder Dreierkombinationen absichern. Speziell in Bayern gab es bis in die neunziger Jahre noch eine Monopolversicherung für die Absicherung der Gefahr Feuer, die aber seit vielen Jahren hinfällig ist. Besser ist es heute, sämtliche Gefahren (Feuer, Leitungswasser, Sturm/Hagel und Elementarschäden) in einer Police zu versichern.

Der Versicherungsumfang bezieht sich standardmäßig auf folgende Bereiche:

- Außer den versicherten Gebäuden sind Garagen und ggf. Nebengebäude eingeschlossen.
- Versichert sind alle Teile, die mit dem Gebäude fest verbunden sind (also auch Einbauschränke oder Einbauküchen und Heizungen, soweit sie nicht von einem Mieter eingebaut worden sind).
- Auch Zubehör, das dem Wohnzweck oder der Instandhaltung des versicherten Gebäudes dient, wie z.B. Markisen oder Antennen sind, wird auf Antrag in den Versicherungsschutz miteinbezogen.
- Weiterhin werden die Kosten für Abbruch-, Aufräum- und Bewegungsarbeiten erstattet, wenn zum Beispiel Gegenstände (Möbel, Böden) abgedeckt werden müssen. Oft sind Bauschutt oder Rückstände nach einem Brand teurer Sondermüll. In der Regel sind diese Kosten mit 5 % der Versicherungssumme versichert, eine Anpassung auf höhere Erstattungssummen ist daher empfehlenswert.
- Es werden auch die Kosten für notwendige Reparaturkosten am beschädigten Gebäude übernommen.

- Der Versicherer zahlt Mietausfälle für die entgangenen Mieten, wenn die Gebäude nicht benutzbar sind. Bei selbst genutzten Einheiten wird im Falle der Unbenutzbarkeit der ortsübliche Mietzins angerechnet.
- Die maximale Erstattung richtet sich nach dem aktuellen Neubauwert eines zerstörten Gebäudes. Den aktuellen Neubauwert erhält man allerdings nur, wenn eine gleitende Neuwertversicherung abgeschlossen wurde. Hierbei fließt in die Prämienberechnung und damit die Festsetzung der Versicherungssumme die Kostenentwicklung in der Bauindustrie mit ein (Versicherungssumme 1914).

Bei der gleitenden Neuwertversicherung (aufgrund der Versicherungssumme 1914) ist die Immobilie im Falle eines Totalschadens so abgesichert, dass das Gebäude wieder komplett neu errichtet werden kann. Dazu muss jedoch bei Abschluss der Versicherung die Versicherungssumme richtig ermittelt werden. Eine Besonderheit ist in Deutschland die Errechnung der Herstellkosten für das Jahr 1914. Die Versicherungssumme oder der Versicherungswert für das Jahr 1914 wurde gewählt, weil in diesem Jahr die Preise relativ stabil waren. (Deshalb ist die Versicherungssumme auch in „Goldmark" angegeben.) Aus diesem 1914er-Wert ermitteln die Versicherer mit Hilfe des sogennanten gleitenden Neuwertfaktors die Versicherungssumme und somit den Versicherungsbeitrag. Dieser Faktor spiegelt die seit 1914 gestiegenen Baupreise inklusive der Löhne und Gehälter wider. 1998 betrug der Faktor 25,4, das heißt, dass die Baupreise 1998 25,4-mal so hoch waren wie im Basisjahr 1914. Der Vorteil dieser Methode ist, dass der Versicherer die Summenermittlung auf eigene Verantwortung übernimmt, unter der Vorraussetzung der Richtigkeit der vom Versicherungsnehmer getätigten Angaben. Der Versicherer gewährt dann einen sogenannten Unterversicherungsverzicht. Dies bedeutet, dass sich der Versicherer verpflichtet, die Kosten für entstandene Schäden im Zuge der Schadenregulierung in vollem Umfang zu erstatten.

Im Folgenden bekommen Sie einen Überblick über die Leistungen der Wohngebäudeversicherung und wie Sie sich im Schadensfall verhalten sollten.

Die Feuerversicherung

Diese Versicherung ist für alle Immobilienbesitzer unverzichtbar, da das Risiko eines Totalschadens durch Feuer sehr hoch ist. Die Feuerversicherung reguliert die Schäden, die unmittelbar entstanden sind durch:

- Brand,
- Blitzschlag,
- Explosion,
- Folgeschäden nach Brand, Blitz und Explosion.

Die Leitungswasserversicherung

Bei der Leitungswasserversicherung werden in der Hauptsache folgende Schäden abgedeckt:

- Schäden, die durch undichte Rohre, Schläuche und sanitäre Anlagen unmittelbar verursacht wurden,
- Schäden, die bei Arbeiten an Schläuchen und an Installationen durch den Versicherungsnehmer entstehen.

Die Sturm- und Hagelschadensversicherung

Durch diese Versicherung sind die Schäden abgedeckt, die durch Sturm ab Windstärke 8 oder Unwetter mit Hagelschauern entstehen. Dies sind zum Beispiel:

- direkte Sturmschäden am Gebäude, etwa abgedeckte Dächer, abgeknickte Antennen, beschädigte Satellitenschüsseln oder zerstörte Regenrinnen,
- Hagelschäden am Gebäude.

Zusätzlich besteht die Möglichkeit, das Gebäude gegen **Elementarrisiken**, also Naturgewalten, abzusichern, wie zum Beispiel:

- Erdbeben, Erdrutsch,
- Schneedruck,
- Erdsenkung,
- Lawinen,
- Überschwemmung.

Schadensregulierung

Jeder eingetretene Schaden muss dem Versicherer unverzüglich und schriftlich mitgeteilt werden. Das Schadensbild darf bis zu einer Begutachtung durch einen Beauftragten der Versicherung nur verändert werden, wenn Sicherheitsgründe diese Eingriffe notwendig machen oder die Eingriffe den Schaden mindern. Der Versicherungsnehmer hat dem Beauftragten des Versicherers jederzeit eine Nachprüfung, der Schadensursache, des Schadenverlaufs und der Höhe des Schadens, zu gestatten und ihm auf Verlangen die erforderlichen Auskünfte zu erteilen. Sofern es möglich ist, sind vom Schadensbild Fotos und Skizzen anzufertigen. Die eingereichten Kostenaufstellungen müssen die vollständigen und ordnungsgemäßen Belege und Rechnungen beinhalten. Bei einem Brand muss immer die Feuerwehr benachrichtigt werden. Der Versicherungsnehmer hat die Verpflichtung, den Schaden so gering wie möglich zu halten, sofern es möglich ist, hat er den Schaden abzuwenden. Nötigenfalls ist der Versicherungsnehmer gehalten, vom Versicherer Weisungen einzuholen.

7. Berufsunfähigkeitsversicherung

Die private Absicherung gegen Berufsunfähigkeit ist angesichts immer geringer werdender staatlicher Leistungen heute immens wichtig – das weiß jeder. Wie hoch sollte nun aber die versicherte Berufsunfähigkeitsrente sein?

Wenn Sie eine entsprechende Absicherung treffen wollen, sollten Sie sich zunächst über Ihre Ansprüche auf die gesetzliche Rente informieren, die Ihnen zusteht, wenn Sie heute erwerbsunfähig werden – entsprechende Mitteilungen werden seit einiger Zeit regelmäßig von den Rentenversicherungsträgern verschickt. Bei eventuellen Verständnisproblemen besprechen Sie diesen Bescheid beispielsweise mit Ihrem Finanzberater.

URSACHEN FÜR ERWERBSMINDERUNG IN DER GESETZLICHEN RENTENVERSICHERUNG

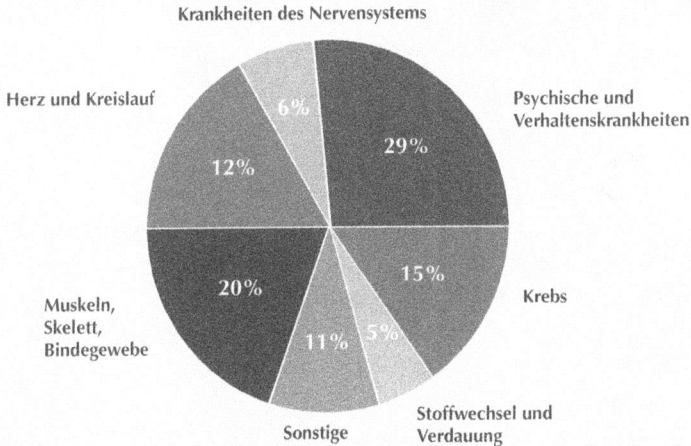

Krankheiten des Nervensystems

Herz und Kreislauf

6%

29%

12%

Psychische und Verhaltenskrankheiten

20%

15%

Muskeln, Skelett, Bindegewebe

11% 5%

Krebs

Sonstige

Stoffwechsel und Verdauung

Die Gründe für eine Erwerbsminderung sind in neun von zehn Fällen krankheitsbedingt Unfälle sind dagegen nur zu einem geringen Prozentsatz die Ursache

Zu den Ansprüchen aus der gesetzlichen Erwerbsunfähigkeitsrente addieren Sie dann alle sonstigen festen Einkünfte, etwa aus Mieteinnahmen oder Kapitalerträgen. Wenn Sie nun diese Summe Ihrer Einnahmen vom aktuellen Nettoeinkommen abziehen, ergibt sich die Versorgungslücke, die Sie durch eine Berufsunfähigkeits-Vorsorge unbedingt schließen sollten. Pauschal kann man auch sagen, je nach Höhe des Nettoeinkommens sollte man davon zwischen 60 und 70 % absichern. Nehmen wir an, Sie verdienen 2.500 € brutto (entspricht 1.750 € netto). Die Höhe Ihrer Berufsunfähigkeitsrente sollte zwischen 1.050 € und 1.225 € liegen.

Bei der Wahl der richtigen Versicherung ist nun aber nicht nur der monatliche Beitrag entscheidend, sondern Sie sollten auch darauf achten, welche Leistungsregulierungen und Berufsunfähigkeitsbedingungen Sie erwarten. Sprich: Das *„Kleingedruckte"* ist entscheidend!

Wichtige Punkte, die eine sinnvolle Absicherung erfüllen sollte:

- Leistungen bei Berufsunfähigkeit ab 50 % und nicht darunter (oder bei Dienstunfähigkeit bei Beamten: besondere Bedingungen, nur wenige Versicherer leisten bereits ab Dienstunfähigkeit!) unabhängig davon, ob Sie eine Rente aus der gesetzlichen Rentenversicherung erhalten
- keine *„private Erwerbsunfähigkeitsrente"*, sondern *„private Berufsunfähigkeitsversicherung"*
- Verzicht auf abstrakte Verweisung (Verzicht, den Versicherungsnehmer auf eine vergleichbare Tätigkeit zu verweisen, die seiner Ausbildung und bisherigen Lebensstellung nicht entspricht, aber ggf. noch ausgeübt werden könnte; Beispiel: Chirurg mit Handlähmung könnte noch als ärztlicher Gutachter arbeiten)
- weltweiter Versicherungsschutz (auch auf Reisen sollte man abgesichert sein)
- Rückwirkende Leistung, wenn Berufsunfähigkeit nicht gleich erkennbar war oder nicht sofort angezeigt wird
- Verzicht auf Arztanordnungsklausel (Vorschrift, welcher Arzt Gutachten erstellt)
- Beitrag und Leistungen sollten sich während der Laufzeit dynamisch erhöhen. So steigt der Versicherungsschutz, selbst wenn sich der Gesundheitszustand später verschlechtern sollte
- Erkrankungen oder gesundheitliche Beeinträchtigungen können dazu führen, dass der Abschluss einer neuen Versicherung nicht mehr oder nur mit unerwünschten Ausschlüssen auf bereits bestehende Krankheiten möglich ist. Manche Unternehmen bieten deshalb eine sogenannte Nachversicherungsgarantie an (zum Beispiel bei Hochzeit oder Geburt eines Kindes, Gehaltserhöhung, Finanzierungsbedarf etc.)
- Verschiedene Tarifmöglichkeiten: entweder Kombination aus Berufsunfähigkeitsabsicherung und Sparplan (Rentenversicherung mit integrierter Berufsunfähigkeitsrente) oder reine Risikoabsicherung, integrierbar in Rüruprente oder betriebliche Altersversorgung
- entsprechend positive Leistungsregulierung im Schadensfall (nur wenige Versicherungsunternehmen haben exzellente Leistungsregulierung bei Berufsunfähigkeitsschäden; http://www.rentenpilot.com/netbuilder/templates/tpl02.php?ide=ad2001-08-16-0701)

8. Haftpflichtversicherungen aller Art

Wenn wir von „Haftpflichtversicherung" im Allgemeinen sprechen, meinen wir normalerweise die Privathaftpflichtversicherung. Aber es gibt natürlich nicht nur diese, sondern noch andere Haftpflichtversicherungen, die zahlreiche andere Bereiche abdecken:

I. KFZ-Haftpflichtversicherung (Pflichtversicherung)

II. Tierhalterhaftpflichtversicherung (zur Absicherung der besonderen Haftungsrisiken als Halter von Tieren, meist Hund oder Pferd)

III. Gewässerschadenhaftpflichtversicherung (unterschätzte Versicherung; deckt die Folgen von Grundwasserschäden durch Öltanks und andere Anlagen mit gewässerschädlichen Stoffen)

IV. Haus- und Grundbesitzerhaftpflicht (Versicherung gegen Haftpflichtschäden, die durch den Besitz von Grundstücken beziehungsweise Häusern entstehen)

V. Berufshaftpflichtversicherung (Absicherung beruflich verursachter Schäden gegen Dritte) beispielsweise für:

- Betreuer, Erzieher
- Freie Architekten
- Freiberufliche Ärzte
- Freiberufler in rechts- und steuerberatenden Berufen (Rechtsanwälte, Steuerberater, Notare, Wirtschaftsprüfer)

VI. Vermögensschadenhaftpflichtversicherung (zum Beispiel für kreative Berufe: Designer, Layouter etc.)

VII. Wassersporthaftpflichtversicherung (gegen wassersportbedingte Schäden)

VIII. Bauherrenhaftpflichtversicherung (gegen Haftpflichtschäden im Zusammenhang mit Bauvorhaben)

IX. Jagdhaftpflichtversicherung (gegen durch die Jagdausübung verursachte Haftpflichtschäden)

X. Betriebshaftpflichtversicherung (zur Abdeckung gewerblicher und industrieller Risiken von Unternehmen und Selbstständigen)

XI. D & O-Versicherung (Directors-and-Officers-Versicherung: eine Vermögensschadenhaftpflichtversicherung, die ein Unternehmen für seine Organe und leitenden Angestellten abschließt)

XII. viele weitere Haftpflichtnischenprodukte (etwa Waldbesitzerhaftpflichtversicherung)

Obwohl nicht alle Punkte näher erläutert werden sollen, wollen wir uns trotzdem einer Variante widmen, die viele von uns anspricht: die Tierhalterhaftpflichtversicherung.

„Der tut nichts, der will nur spielen!"
Wird ein Mensch durch ein Tier verletzt oder sogar getötet oder verursacht ein Tier einen Sachschaden, so muss der Halter des Tieres dafür haften. Dies tut er auch dann, wenn ohne sein Zutun durch das Verhalten des Tieres ein Schaden verursacht wurde (Gefährdungshaftung).

Schäden, die Katzen, Meerschweinchen, Wellensittiche und ähnliche Wohnungsgenossen verursachen, sind durch die private Haftpflichtversicherung des Halters gedeckt. Für Pferde, Ponys und Hunde muss eine besondere Tierhalterhaftpflicht abgeschlossen werden. Die gilt auch für Tiere, die zu landwirtschaftlichen oder gewerblichen Zwecken gehalten werden. Dazu können neben Rindern, Schafen und Schweinen auch beispielsweise Hühner und Bienen gehören.

„Der tut nichts, der will bloß spielen ..." Die meisten Hunde sind wohl brave Kerlchen, die weder dem Postboten noch Kindern je etwas zuleide tun würden. Doch auch die friedlichsten Vierbeiner können schwere Schäden verursachen, wenn sie sich beispielsweise von der Leine befreien und auf die Straße laufen. Personen- oder

Sachschäden, die Hunde verursacht haben, sind nicht durch die private Haftpflicht-versicherung gedeckt. Hier muss zusätzlich eine Hundehalterhaftpflichtversiche-rung abgeschlossen werden.

9. Gewerbeversicherungen

In Deutschland ein Unternehmen zu gründen dauert laut einer Studie der Welt-bank fast so lange wie in Albanien oder Nigeria. Gerade der Mittelstand wird bei uns von einer Flut bürokratischer Vorschriften drangsaliert. In Dänemark und den USA kann man nach 4 Tagen die neue Firma eröffnen, in Deutschland muss man etwa 11-mal so lange warten: 45 Tage. Dass dies die Bereitschaft, eine Firma zu gründen, nicht unbedingt fördert, sollte jedem klar sein (vgl.: http://www.spiegel.de/wirtschaft/0,1518,296496,00.html). Wenn man es nun allerdings einmal geschafft hat, ein Unternehmen aufzubauen, sollte man sich auch Gedanken machen über mögliche Risiken, die im Laufe der Zeit eintreten können. Tagtäglich gibt es indivi-duelle Gefahren, welche den normalen Geschäftsbetrieb stören können, Unfälle, Haftpflichtschäden, Transportschäden, Brandschäden oder irgendwelche anderen Risiken. Gegen die meisten davon kann man sich aber versichern.

Gerade im gewerblichen Bereich ist die richtige und optimale Absicherung von Selbstständigen wichtiger denn je. Unabhängig vom Preis sollte man sich als Ge-schäftsführer beziehungsweise Einzelunternehmer informieren, welche Versiche-rungsformen die eigene Firma schützen können, denn bei der alltäglichen Arbeit können viele verschiedene Risiken auftreten. Nehmen wir an, Sie sind Maurer, küm-mern sich aber auch um Fliesenlegen, Malerarbeiten, verleihen Ihren Bagger und helfen ab und zu auch im Holzbau, dann brauchen Sie natürlich wesentlich mehr Abdeckung.

Meine Erfahrung zeigt mir, dass viele Selbstständige und Firmen des Mittelstands falsch versichert sind. Oft fehlen fundamentale Absicherungen, was im Schadensfall richtig teuer werden kann – dafür ist aber das 13 Jahre alte Auto vollkaskoversi-chert. Ein Versicherungskonzept muss immer dem Risiko, der Größe des Betriebes und den finanziellen Möglichkeiten angepasst werden. Jeder Selbstständige hat ein enormes Risikopotenzial, dessen sich die meisten gar nicht bewusst sind. Aber auch ein Webdesigner kann Schwierigkeiten bekommen, wenn es um Urheberrechtsverletzungen geht. Das kann richtig teuer werden. Produzierende Firmen müssen entsprechende Gewährleistungen auf ihre Produkte geben. Was aber, wenn sich herausstellt, dass 5.000 Teile der letzten Monatsproduktion alle defekt sind? Wir sprechen hier über Existenzen!

Manchmal kommt es eben vor, dass eine Firma trotz intensiver Beratung unzureichend informiert wurde, und obwohl man dachte, dass man gegen spezielle Risiken versichert wäre, passiert es, dass sich diese Annahme im Schadensfall als falsch herausstellt. Getreu dem Motto: *„Versicherungen sind eben mehr als nur ein Fuzzi!"*

Die Absicherung von Unternehmern und deren Firmen stellt sich umso komplizierter dar, je komplexer die Firma konstruiert ist. Speziell in diesem Bereich wird schnell klar, dass es keine Lösungen von der Stange geben kann, sondern immer nur individuell maßgeschneiderte Anzüge. Aber jedem muss bewusst sein, dass auch im Versicherungsbereich ein passender *„BOSS-Anzug"* mehr kostet als einer vom Discountmarkt.

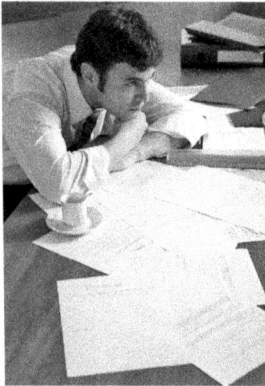

War nicht auch bei Ihrer Firma zunächst eine Idee für die Gründung ausschlaggebend? Dann haben Sie gerechnet, gezweifelt und schließlich sich selbst und dann die anderen überzeugt. Jetzt sind Sie selbstständig, als Handwerker, Händler, Gewerbetreibender, Arzt, Anwalt oder geschäftsführender Gesellschafter eines Unternehmens. Ob Ihre Rechnung am Ende aufgeht, hängt von vielen Faktoren ab, nicht nur von Ihrer Tüchtigkeit. Aber selbst wenn Ihr Konzept stimmt, können Sie noch Pech haben. Eine fehlerhaft arbeitende Maschine, die Unachtsamkeit eines Mitarbeiters, ein Irrtum, den Sie selbst begehen – und schon kann alles auf dem Spiel stehen: die Firma, die Praxis oder Ihre private Lebensplanung. Deshalb müssen Sie Ihr Risiko begrenzen, sich gegen Gefahren versichern. Damit Sie am Ende jedoch vor lauter Bäumen den Wald nicht aus dem Auge verlieren, versuche ich, Ihnen ein paar Anregungen zu geben, welcher Versicherungsschutz für Ihren Betrieb wichtig sein könnte. Allerdings erfordert Selbstständigkeit optimalen Versicherungsschutz, deshalb ist die Beratung eines Fachmanns in keinster Weise zu ersetzen. Für jede Firma und jeden Freiberufler gibt es nämlich andere, sehr individuelle Lösungen. Versicherbar sind allerdings nur zufällige

Ereignisse: also nicht der durch natürlichen Verschleiß entstehende Ausfall einer Maschine, sondern zum Beispiel der Verlust, der durch Feuer, Leitungswasser, Einbruchdiebstahl, Vandalismus oder die Fahrlässigkeit eines Mitarbeiters entsteht. Aber auch Irrtümer und Fehler, die Ärzte, Anwälte und Architekten begehen, können abgesichert werden, ebenso der Konkurs eines Mandanten. Das Unternehmen selbst muss vor Verlusten geschützt werden, die durch Schäden an Maschinen oder Gebäuden, aber auch durch Fahrlässigkeit oder mangelnde Qualifikation der Mitarbeiter entstehen können. Vor Substanzverlusten schützen Sie sich in erster Linie durch den Abschluss von Versicherungen im sogenannten Sachbereich. Dazu gehören beispielsweise Feuer-, Leitungswasser-, Sturmschaden-, Glas-, Maschinen-, Elektronik-, Transport-, Auto- und Einbruchdiebstahlversicherungen. Aber auch eine Betriebs- und Produkthaftpflichtversicherung ist fast immer erforderlich. Denn sie schützt bei Schadenersatzansprüchen von Kunden und Besuchern. Unterschätzt wird oft die Notwendigkeit einer Betriebsunterbrechungsversicherung. Sie kommt zum Beispiel für den entgangenen Gewinn infolge von Feuer- und Maschinenschäden auf. Wie auch ein solides Haus, so lässt sich ein optimaler Versicherungsschutz erst nach sorgfältiger Planung errichten. Einige Beispiele:

Einem Architekten unterläuft ein schwerwiegender Planungsfehler. Durch den deswegen erforderlichen Umbau des Gebäudes entstehen Kosten von mehreren hunderttausend Euro. Der Bauherr macht den Architekten dafür haftbar.

Simon Siegfried, seines Zeichens Versicherungsvertreter, stößt bei einem Beratungsgespräch eine wertvolle Vase seines Mandanten um. Auch hier zahlt die Betriebshaftpflichtversicherung des Versicherungsvertreters den Schaden. Simon Siegfried ist zum Glück nämlich gegen Tätigkeitsschäden auf fremden Grundstücken versichert.

Bei einem Brand wird das Produktions- und Lagergebäude einer neu gegründeten Druckerei vernichtet. Maschinen und Papiervorräte sind zerstört. Der Betrieb kann nicht fortgeführt werden, weil das Kapital für den Wiederaufbau fehlt.

Durch eine Verkettung unglücklicher Umstände injiziert ein gerade niedergelassener Arzt ein Kurznarkotikum versehentlich in die Arterie. Der Arm des Patienten muss amputiert werden. Auf den zu Schadenersatz und Schmerzensgeld verpflichteten Mediziner kommen Forderungen in sechsstelliger Höhe zu.

Eine Lymphknotenerkrankung beendet die Berufstätigkeit eines 39-jährigen Optikermeisters. Bei einem Verkehrsunfall wird ein Facharzt so schwer verletzt, dass er seinen Beruf aufgeben muss. In beiden Fällen wird aus der Lebensversicherung eine Berufsunfähigkeitsrente fällig, wenn der Vertrag einen entsprechenden Zusatzschutz enthält. Zusätzlichen Schutz kann auch hier wieder eine private Unfallversicherung bieten.

In einem Metall verarbeitenden Betrieb hat eine noch ziemlich neue, elektronisch gesteuerte Drehbank einen Defekt. Bis das benötigte Ersatzteil geliefert und eingebaut ist, vergehen drei Wochen. Einnahmeausfall: 5.000 €. Der Hersteller liefert zwar das Ersatzteil im Rahmen der Garantiebedingungen kostenlos, doch für den Produktionsausfall haftet er nicht.

Beim Eindecken eines Daches fällt dem Gesellen ein Dachziegel aus der Hand und verletzt einen am Haus vorbeigehenden Passanten schwer. Die Betriebshaftpflicht zahlt.

Ein Elektriker verlegt im Büro eines Kunden eine Leitung. Durch einen Montagefehler kommt es zu einem Brand, der das Büro in Schutt und Asche legt. Die Versicherung übernimmt die Regulierung des Schadens.

Bei einer Operation unterläuft einem Arzt ein Kunstfehler. Der Schaden ist fünfstellig. Er wird von der Versicherung geregelt.

Eine Putzfrau stößt in der Praxis eines Steuerberaters aus Versehen eine Flasche mit Limonade um. Der Inhalt ergießt sich in den Rechner der neuen Datenverarbeitungsanlage. Alles in allem entsteht ein Schaden von mehr als 10.000 Euro.

Der Mitarbeiter eines Händlers holt vom Auslieferungslager des Herstellers acht neue Flachbildfernsehgeräte ab. Auf der Rückfahrt verursacht er mit dem Lieferwagen einen Unfall. Die neuen Geräte im Wert von mehr als 12.000 Euro gehen dabei zu Bruch.

Versicherungen können nur deshalb im Schadensfall große Entschädigungssummen an die Betroffenen zahlen, weil viele Versicherungsnehmer regelmäßig ihren Beitrag (Prämie) entrichten, ohne einen Schaden zu erleiden (funktioniert nach dem mathematischen *„Gesetz der großen Zahlen"*). Während große und gewinnträchtige Firmen solche Ereignisse eventuell noch aus eigenen Mitteln verkraften, können junge Unternehmen dadurch ernstlich gefährdet werden. Sie benötigen unter Umständen also einen umfassenderen Versicherungsschutz als die etablierten. Nicht alles muss auch unbedingt versichert werden. Zu den kleinen Risiken gehört alles, was die Firma oder den Freiberufler im Schadensfall nur in geringem Maß belasten würde. So verzichten zum Beispiel manche Unternehmen auf eine Glasversicherung. Was verständlich ist, wenn ihre Hallen nur wenige Fenster mit einfacher Verglasung haben. Erstens ist die Wahrscheinlichkeit, dass alle Fenster gleichzeitig zu Bruch gehen, gering – außer bei Explosion –, zweitens lässt sich der Preis für eine neue Scheibe schon heute – also vor Eintritt des Schadens – ziemlich genau abschätzen. Das wird die Firma nicht immer an den Rand des Ruins bringen. Gesetzlich vorgeschrieben ist eine Haftpflichtversicherung nur für einige Berufsgruppen, wie zum Beispiel für Wirtschaftsprüfer, Steuerberater, Notare und Rechtsanwälte. Ärzte, Zahnärzte und andere verstoßen gegen ihre Berufspflichten, wenn sie sich nicht ausreichend gegen Haftpflichtansprüche absichern. Auf jeden Fall gehört die Haftpflichtversicherung zu den Versicherungen, auf die kein Freiberufler, Händler oder Gewerbetreibender verzichten kann. Für den Architekten, der sich vielleicht einmal vertut, ist die Berufshaftpflichtversicherung genauso wichtig wie die Betriebshaftpflicht für einen Handwerker. Für sehr viele Berufsgruppen gibt es Versicherungen, die sich auf die Bedürfnisse der jeweiligen Alltagssituationen spezialisiert haben. So gibt es für Ärzte und Berufsmusiker Unfallversicherungen, die sich auf die Wichtigkeit spezieller Körperregionen fokussieren, ebenso wie *„maßgeschneiderte"* Policen für Rechtsanwälte, Notare, Beamten, Landwirte, leitende Angestellte oder die D & O-Versicherung für Manager, welche die Haftungsproblematik der Top-Führungskräfte erfasst.

Aber was tun, wenn nun ein Schadensfall auftritt?

Was tun ...
... wenn es brennt: Bei Brand und Blitzschlag, aber auch bei einer Explosion oder wenn ein Flugzeug auf Ihren Betrieb stürzt, bietet die Feuerversicherung finanziellen Schutz.

Sie zahlt nicht nur für den Schaden, sondern auch für die Lösch- und Aufräumarbeiten. Außerdem für alle Maßnahmen, die der Schadensminderung dienen.

... bei Einbruchdiebstahl: Die Einbruchdiebstahlversicherung zahlt für das, was Einbrecher entwendet haben. Demolieren die ungebetenen Gäste Ihre Geschäftseinrichtung, werden auch die Kosten für die Instandsetzung übernommen.

... nach einem Rohrbruch: Die wenigsten vermögen sich das Ausmaß von Wasserschäden vorzustellen. Ein Rohrbruch kann nicht nur das Warenlager eines Gewerbebetriebes vernichten, sondern auch die EDV-Anlage eines Steuerberaters zerstören. Die Leitungswasserversicherung kommt unter anderem für Schäden an Einrichtungsgegenständen, technischen Anlagen und Vorräten auf, auch dann, wenn Frost die Ursache war. Neben den Schäden an Gebäude und Einrichtung deckt sie auch die Kosten für die Nebenarbeiten, die notwendig sind, um den Schaden an der Rohrleitung zu beheben.

... und bei Sturm: Ein Herbststurm deckt nicht nur das Dach Ihres Hauses ab. Ein daneben stehender Baum stürzt auch noch um und beschädigt die Fassade. Für beide Schäden kommt die Sturmversicherung auf. Sie übernimmt auch die Kosten für Sofortmaßnahmen, also zum Beispiel eine provisorische Sicherung des beschädigten Daches.

... bei Betriebsausfall: Haben zum Beispiel Feuer oder Sturm Ihren Betrieb lahmgelegt, so laufen Löhne und Gehälter, Pacht und Zinsen weiter. Hilfe kommt von der Betriebsunterbrechungsversicherung. Damit Ihr Betrieb so schnell wie möglich wieder einsatzbereit ist, übernimmt die Versicherung im Rahmen der Versicherungssumme bestimmte Mehrkosten und für die Zeit bis zur Wiederherstellung gegebenenfalls sogar den Aufwand für die Anmietung von Produktions-, Lager- und Geschäftsräumen.

Viele andere Bereiche können im Einzelfall auch zusätzlich abgesichert werden. Was allerdings Selbstständige generell nicht vergessen dürfen: dass Sie von gesetzlicher Seite oft unzureichend abgesichert sind, bei der Berufsunfähigkeit oder bei der Altersvorsorge (ein Arbeitnehmer zahlt im Schnitt schon knapp 500 € monatlich für seine Beiträge zur gesetzlichen Rentenversicherung, und viele sparen zusätzlich privat). Ebenso kann eine private Krankenversicherung auch ein sehr wichtiger Bestandteil der Absicherung sein. Allerdings kann man für einen Selbstständigen kein Pauschalrezept erstellen, hier ist immer der Einzelfall individuell zu betrachten.

10. Waldbesitzerhaftpflichtversicherung

Wenn Sie diesen Abschnitt lesen und einen Wald besitzen, sollten Sie nicht zögern zu sagen: *„Ja, ich habe sie. Die Waldbesitzerhaftpflichtversicherung."* Wenn Sie nicht zur glücklichen Spezies der Waldbesitzer gehören, denken Sie an diesen Abschnitt, wenn Sie mal wieder zwischen Bäumen spazieren gehen.

Bedenken Sie nur einmal: 100 ha Wald, und ein ahnungsloser Spaziergänger schnippt seine fertig gerauchte *„Kippe"* weg in einen Haufen Blätter und geht weiter. Ihr Wald, einige hunderttausend Euro wert, kann im Nu in Asche zerfallen. Aber wenn Sie *„kaiserlich versichert"* sind, ist das alles kein Problem!

Aber wir befinden uns hier nicht mehr im Bereich Waldbesitzerhaftpflichtversicherung, sondern bei der Waldbrandversicherung! Sie sehen also, das mit den Versicherungen ist gar nicht so einfach …

Wenn beispielsweise bei Forstarbeiten oder auf Waldwegen etwas passiert, muss der Waldbesitzer mit Schadenersatzansprüchen rechnen. Der Waldbesitzer haftet generell für Schäden, die Dritte durch seinen Wald erleiden, uneingeschränkt und lebenslang. Für Sturm haftet er allerdings nicht, da dies zu sogenannter *„höherer Gewalt"* zählt. Verantwortlich wäre er allerdings für einen umstürzenden Baum, bei dem er hätte erkennen müssen, dass dieser eine Gefahr darstellt. Beispielsweise bei einem faulen, dürren oder schief wachsenden Baum. Hier bietet die Haftpflichtversicherung für private Waldbesitzer und forstliche Zusammenschlüsse (zum Beispiel Forstbetriebsgemeinschaften oder forstwirtschaftliche Vereinigungen) entsprechenden Schutz: mit Leistungen im Schadensfall – oder mit der Abwehr unberechtigter Ansprüche. Die Waldbesitzer-Haftpflichtversicherung deckt hier mehrere Millionen Euro für Personen-, Sach- und Vermögensschäden ab. Auch wenn das Haftungsrisiko nur in weniger häufig auftretenden Einzelfällen besteht – es ist vorhanden, und man sollte sich dagegen versichern. Rentenzahlungen im Fall, dass man für Körperschäden haftend gemacht wird, können einen ruinieren.

2.3 Qualität hat ihren Preis

„Heutzutage kennen die Leute von allem den Preis, aber nicht mehr den Wert"
(Oscar Wilde)

Wie so oft bewahrheitet sich auch im Bereich Versicherungen und Finanzdienstleistungen das alte (es ist mit Sicherheit deutschen Ursprungs) Sprichwort: *„Qualität hat ihren Preis."*
Warum werden denn weltweit so viele Autos aus München, Stuttgart oder Wolfsburg verkauft? Nicht weil diese so günstig sind. Sie halten das, was sie versprechen. Und auch bei Versicherungen hat Qualität ihren Preis. Warum sind denn so viele Menschen bei der großen Versicherung aus München? *„D' Mama war do, da Opa, und jetzt bin i aa do!"* Über Generationen wurde hier gute Arbeit vollbracht.
Es gibt nur wenige Versicherungen, die sich und ihre Produkte lange und erfolgreich am Markt halten können. Wenn Sie sich schon mit dem Thema Versicherung beschäftigen wollen, suchen Sie sich lieber eine *„Marke"* statt nur einen günstigen Preis. Und ein vernünftiges Preis-Leistungs-Verhältnis lässt sich auch hier mit Qualität vereinen.

Ein immer wiederkehrendes Problem bei Finanzprodukten ist, dass sie abstrakt, erklärungsbedürftig und komplex sind. Es gibt kaum vergleichbare Produkte. Wenn jemand sagt, er will vergleichen, was vergleicht er dann? In der Regel den Preis, aber der Preis sagt leider nicht viel über die Qualität des Produktes. Aber mehr kann ein Laie selten tun, es sei denn er liest sich die einzelnen Allgemeinen Versicherungsbedingungen und Besonderen Risikobeschreibungen und das übrige Kleingedruckte durch und stellt dann noch Zahlungs- und Kulanzbereitschaft gegenüber. In der Praxis gibt es kaum Produkte mit extremen Preisunterschieden, welche im Detail die gleiche Leistung bieten: geringerer Preis ist, wie bei vielen anderen Dingen auch, häufig mit weniger Leistung verbunden!

An dieser Stelle möchte ich Ihnen nun (mal wieder) einige Beispiele von Mandanten erzählen, denen folgende Dinge passiert sind: Ein Bekannter von mir hatte einen schweren Unfall und wurde von seiner Erstversicherung geprüft (er hatte zwei Unfallverträge). Diese stellte einen Invaliditätsgrad von 70 % fest (da der Arm nicht mehr voll funktionsfähig war) und bezahlte anstandslos die fällige Leistung. Anschließend bekam ich die Unterlagen und reichte diese zur medizinischen Prüfung ein. Wenige Tage später bekam ich einen Anruf, dass bei einer erneuten Überprüfung 18,5 Prozentpunkte mehr Invalidität festgestellt wurde, und somit ergab sich durch das Mehrleistungsmodell eine dreimal höhere Entschädigungssumme. Das ist die Qualität, die man sich wünscht!

Obwohl solch ein Unfall nie wirklich schön ist, nehmen wir ein weiteres Beispiel: Ein Freund von mir hatte sich Mitte August bei mir erkundigt, was eine Hausratversicherung kostet. Für ihn waren es keine 5 € im Monat, weshalb er sich auch schnell dazu entschlossen hatte. Zwei Monate später war im Mehrfamilienhaus eine komplette Rohrverstopfung, welche dazu führte, dass sämtliche Abwässer eines Tages bei ihm im Erdgeschoss aus dem Küchenabfluss heraussprudelten und die Küche fluteten (den „Rückstau" abzusichern, hatte ich ihm damals selbstverständlich empfohlen!). Fünf Tage nach dem Schadenstag wurde ich gefragt, ob es in Ordnung ist, wenn pauschal die Summe XY bezahlt wird. Diese Summe lag weit über dem, was er sich vorstellte. Somit war alles perfekt, er konnte sich eine neue Küche leisten, und die Hausratversicherung war damit für die nächsten 46 Jahre bezahlt.

Eine andere Mandantin besuchte ich zwei Jahre nachdem diese einen Unfall hatte. Sie hatte ihn damals allerdings nicht gemeldet. Laut Bedingungen ist ein Unfall allerdings unverzüglich zu melden, also nicht erst nach zwei Jahren. Ich nahm die Akten trotzdem mit, und die 73-jährige Kundin bekam zwei Jahre nach ihrem Unfall einfach so noch über 20.000 € ausbezahlt, obwohl ihre Versicherung überhaupt nicht mehr zur Leistungsregulierung verpflichtet war. Das ist Qualität!

Man sieht: vor allem wenn es um sehr hohe Versicherungsleistungen geht, zeigt sich die Qualität einer Versicherung. Nehmen wir die klassische Lebensversicherung. Sie sichert das Risiko, frühzeitig zu sterben, mit einer entsprechenden Versicherungssumme ab. Gerade bei hohen Absicherungen weigern sich manche Leistungsträger gerne zu zahlen, bevor sie das verfrüht oder gar unberechtigt tun. Der Idealfall sieht so aus, dass vier bis acht Wochen nach „einem sozialverträglichem Ausstieg aus dem Leben" die Versicherungssumme geleistet wird. In der Praxis kann sich diese Zeit durch entsprechende Gerichtsverfahren und gegnerische Anwälte auch mal bis zu fünf Jahre hinziehen. Aber ist es denn Sinn der Sache, nach dem Tod eines geliebten Menschen noch fünf Jahre zu prozessieren, um eine Leistung zu erhalten, welche man vertraglich vereinbart hat? Nein! Und genau deshalb sollten Sie auf Punkte wie Leistungsregulierung im Schadensfall besonderen Wert legen.

Qualität hat aber immer ihren Preis. Damit ist auch noch eine dem Kunden meist unwichtige, aber in der Praxis an Bedeutung kaum zu überbietende Qualität gemeint: nämlich die Beratungsqualität. Versicherungen, die nicht die finanziellen Mittel haben, Berater optimal auszubilden, holen sich diese entweder für viel Geld von der Konkurrenz oder haben schlichtweg unqualifizierte Berater. Große Versicherungskonzerne betreiben oft eigene Ausbildungsabteilungen und Akademien mit vielfältigen Möglichkeiten der Ausbildung und anerkannten Abschlüssen, was zwar unter dem Strich kostspieliger ist, aber für die Gesellschaft zu einer höheren Beratungsqualität vor Ort und so zu mehr Kundenzufriedenheit führt.

Ein weiterer wichtiger Punkt ist die Umsetzung der EU-Vermittlerrichtlinie, die wesentlich mehr Wert auf Ausbildung und Beratungsqualität legt, als dies früher der Fall war. Ein Finanzberater, der ab 2009 in diesem Beruf tätig werden will, darf keine schwerwiegenden Eintragungen in Führungszeugnis und SCHUFA und keine Schulden haben. Er muss auch entsprechende Qualifikationen vorweisen und eine Vermögensschadenhaftpflichtversicherung besitzen, für den Fall, dass er durch eine Falschberatung doch einmal einen finanziellen Schaden verursacht. Hat das Ihr Finanzberater auch? Achten Sie darauf und lassen Sie sich seine Registrierungsnummer zeigen, die ihn als qualifizierten Berater ausweist.

2.4 Professioneller Versicherungsbetrug

„Nur weil man keine schwarzen Gänse kennt, heißt das ja nicht, dass es sie nicht gibt!"

Stellen Sie sich vor, was ich mir für ein Buch gekauft habe: *„Versicherungen betrügen – aber richtig. Schnell reich auf Kosten anderer".* Was erwarten Sie bei diesem Titel? Ja, das habe ich mir auch gedacht … Nur, ich habe es mir eigentlich als Fachliteratur gekauft! Letztendlich aber musste ich feststellen, dass es in diesem Buch nicht darum geht, Versicherungen zu betrügen. Eigentlich hätte man sich denken können, dass ein Buch mit so einem Anliegen gar nicht angepriesen werden darf, doch der Titel ist mit Sicherheit verkaufsfördernd. Eine interessante Geschichte möchte ich aber trotzdem kurz zitieren (Meier 2002, S. 24–27):

Versicherungen betrügen – ein abgeschlossener Roman –

„Johannes und sein Bruder, die ständig knapp bei Kasse waren, dachten oft daran, wie sie schnell ans große Geld kämen. Man müsste Versicherungen betrügen. Dann würde man reich auf Kosten anderer. Schließlich betrügen Versicherungen auch. So war ihre feste Überzeugung. Fast alle Gäste waren schon gegangen. Der Wirt machte sich daran, die gespülten Gläser einzuräumen. Nur der Stammtisch feierte noch. Die Stammtischbrüder hatten heute Abend außerordentlich gezecht. Betrunkene und kleine Kinder sagen ja angeblich die Wahrheit. Der Wirt war allerdings nicht sonderlich interessiert, die Erkenntnis der Wahrheit von diesen lallenden Suffköpfen zu hören. Als er die allerletzte Bestellung für heute aufnehmen wollte, verkündete Johannes, den alle im Dorf nicht nur wegen seines Aussehens ,Jonny Depp' nannten: ,Wer nichts wird, wird Wirt'
Das grölende Gelächter war kaum verklungen, als Jonnys jüngerer Bruder seine Weisheit lauthals kundtat: ,Und ist ihm dieses nicht gelungen, macht er in Versicherungen.'
Jetzt tobte der Stammtisch. Der Wirt beobachtete Hermann, den Versicherungsagenten des Ortes. Er lachte herzlich mit und klopfte sich auf die Schenkel. Doch ein listiges Blinzeln in seinen Augen verriet seine Gedanken. Dem Wirt schien es, als könne er für einen Augenblick in Hermanns Innerstes sehen. Er wusste, was Hermann

dachte. *Er wusste, dass Hermann wusste, wie viel Geld er mit seiner Wirtschaft einnahm. Schließlich hatte Hermann ihm ein paar äußerst nützliche Tipps geben können, wie er sein an der Steuer vorbei verdientes Geld sicher, diskret und gewinnbringend anlegen konnte. Er und Hermann waren die reichsten Leute im Dorf. Sie waren so etwas wie Verbündete. Überhaupt hatten sie geschäftlich viel gemeinsam. Jeder im Dorf war Kunde bei beiden, außer Jonnys Bruder. Der war ja wegen seines schwachen Verstandes entmündigt und durfte keine Verträge abschließen. ,Seltsam', dachte der Wirt, ,ich habe einen Kunden mehr als Hermann, aber er hat ein größeres Haus und fährt einen teureren Wagen.' Der Wagen! Erst letzten Monat hatte Hermann ihn bei Paul, dem Autohändler, gekauft. Paul ging es diesen Abend sehr schlecht, er hatte einfach zu viel getrunken. Überhaupt ging es ihm in letzter Zeit nicht richtig gut. Das Geschäft machte ihm Sorgen. Aber für diesen Monat hatte Hermann ihn noch mal gerettet. Hätte er den Wagen nicht gekauft. dann hätte er seine letzten Reserven angreifen müssen. Vielleicht hätte er sogar seine Lebensversicherungen beleihen müssen. Gut, dass er sie damals gemacht hat, sonst könnte er ohne Alkohol gar nicht mehr schlafen. Der Wirt schaute Paul an und wusste, dass sie beide im Moment das Gleiche gedacht hatten. Denn Pauls Lachen wirkte sehr gezwungen und verstummte im selben Augenblick, als der Wirt ihn ansah.*

Neben Paul saß Karl, der Metzger. Es gab zwar immer noch viele Leute im Dorf, die lieber bei Karl kauften als im Supermarkt, der vor kurzem im Nachbarort aufgemacht hat. Karl hat sich immer noch nicht so richtig erholt von dem peinlichen Vorfall, als die Behörde seine Fleischerei wegen Seuchenverdachts geschlossen hatte.

Nachher hat sich zwar der Verdacht als unbegründet herausgestellt, und Karl hat auch einen amtlichen Brief bekommen, dass bei ihm alles in Ordnung war. Doch einige Kunden hat er verloren. Und als der Laden in der ohnehin schwierigen Zeit zumachen musste, war das hart. Schließlich hatte Karl gerade gebaut und musste mit jedem Pfennig rechnen. Eigentlich wollte er damals die Beiträge für die Seuchenversicherung sparen. Schließlich wusste er, dass er sein Geschäft immer einwandfrei führte. Aber dass dann auf einen bloßen Verdacht hin sein Laden versiegelt werden sollte, daran hatte er im Traum nicht gedacht.

Gut, dass Hermann ihm unter viel Mühen die Betriebschließungsversicherung aufgeschwatzt hatte. Vier Stunden hatten sie zusammengesessen, und Hermann hat einfach nicht locker gelassen. Als er dann doch noch mit der Unterschrift rausgegangen ist, hat er sich nicht mal bei Karl bedankt, sondern etwas von ,so was von schwer von Begriff' und ,gibt eh nix an Prov' und anderes unverständliches

Zeug gemurmelt. Karl musste wohl daran gedacht haben, als sein Gesicht ernst wurde, er zu lachen aufhörte und er fast liebevoll zu Hermann herüberschaute. Auch Peters Lachen verstummte schlagartig. Sicher hat er an seine arme Schwester gedacht. Es ist ja noch gar nicht so lange her, dass ihr Mann diesen Unfall hatte. Ob er jemals wieder ganz gesund wird, weiß keiner. Und wenn, dann dauert es noch Jahre. Es hatte damals in der Familie richtig Krach gegeben, als Hermann Peters Schwager total überversichert hatte. Peter ist sogar zu Hermann gegangen und hat von ihm verlangt, die Verträge zu stornieren. Hermann ist dem Streit nicht aus dem Weg gegangen, er ist hart geblieben und hat sogar angekündigt, dass er von seiner Gesellschaft verlangen würde, auf die Einhaltung der Verträge zu klagen. Das hat hohe Wellen im Dorf geschlagen, und Hermann hatte es danach sehr schwer, neue Verträge zu machen. Nachher haben sich dann alle ein bisschen geschämt. Denn ohne die teure Unfallversicherung, die alle für überhöht gehalten hatten, wäre der Umbau des Hauses nicht denkbar gewesen. Wie das mit dem Rollstuhl hätte gehen sollen, gar nicht auszudenken. Und erst diese wahnsinnigen Prämien für die Lebensversicherung. Aber jetzt bekommt die Familie eine gute Berufsunfähigkeitsrente. Die Beiträge für die Lebensversicherung bezahlt die Versicherungsgesellschaft selbst. Damit ist auch die Altersversorgung gesichert, und zusätzlich wird das Haus von der Versicherung abbezahlt. Und die Krankenzusatzversicherung hat es möglich gemacht, dass Peters Schwager von den besten Ärzten operiert werden konnte. Sonst hätte es keine Hoffnung gegeben, dass er überhaupt jemals wieder gesund werden kann. Keiner lachte mehr. Alle blickten ernst und betroffen erst zu Jonny, zu seinem Bruder, dann zu Hermann und schließlich zum Wirt. Der nickte Hermann zu, beide schmunzelten und mussten fröhlich und glücklich lachen.
Sie beiden waren diejenigen im Dorf, die dafür sorgten, dass die Sorgen des Lebens nicht so schwer drückten. Und der Pfarrer natürlich, aber der war gerade auf dem Klo und hat von alledem nichts mitbekommen. Der Wirt sagte: ‚Wenn das so ist, dann gibt's noch eine Runde mehr.' Und nahm die vorerst letzte Bestellung auf. Jetzt war dem Wirt klar, dass alle wussten, wie gut es war, einen pfiffigen Versicherungsagenten zu haben – und natürlich auch einen geduldigen Wirt, der ihnen auch nach der letzten Runde noch einen einschenkte und bei dieser einen Runde so viel verdiente wie Jonny und sein Bruder zusammen an einem ganzen Tag voller knochenharter Drecksarbeit. Aber dass das richtig und gerecht war, konnten die beiden nicht verstehen, obwohl Jonny doch damals beinahe den Schulabschluss geschafft hatte."

2.5 Wieso verdient man beim Verkauf eines Cheeseburgers mehr als bei einer Privathaftpflichtversicherung?

Sollten Sie hier und heute noch kein Versicherungsvertreter oder Finanzberater sein, würden dies aber jetzt gerne ab morgen machen, weil Sie das Abenteuer lieben, gerne spät abends nach Hause kommen, gerne täglich stundenlang im Auto sitzen und das Wissen in diesem Buch noch potenziert verinnerlichen wollen, kein Problem!

Sie kaufen sich einfach einen schicken Anzug, packen Ihren Lebenslauf, polizeiliches Führungszeugnis, SCHUFA-Auskunft, Foto, Zeugnisse, Aufstellung Ihrer Besitzbeziehungsweise Schuldverhältnisse, Ausbildungsnachweise, Personalausweis, Vermittlerberechtigung nach § 34c und nehmen noch 13 andere wichtige Dinge mit, schließen noch eine Vermögensschadenhaftpflichtversicherung ab und gehen zur nächsten Vertriebsdirektion. Bis Sie dann aber tagtäglich jede versicherungsvertragliche Situation beherrschen werden, vergehen noch einige Jahre. Und bitte überlegen Sie sich es doch noch einmal, vor allem wenn Sie dieses Kapitel gelesen haben.

Hier wollen wir nämlich klären, wieso man an einem Cheeseburger mehr verdient als an einer Privathaftpflichtversicherung. Stellen Sie sich einmal vor, eine Privathaftpflichtversicherung kostet Sie 100 € im Jahr. Davon sind schon mal 19 % Versicherungssteuer. Bleiben also 81 € übrig. Von diesen 81 € bekommt ein Außendienstmitarbeiter ca. 30 %, also ca. 25 €. Die meisten Vertreter fahren zu ihren Mandanten nach Hause, das bedeutet Benzinverbrauch, Fahrtzeit, Abnutzung etc. Damit dürften diese 25 € schon aufgebraucht sein. Nun kommen noch Telefonkosten hinzu, Porto, und wenn Sie dann einen Schaden haben, möchten Sie schließlich auch eine optimale Betreuung durch Ihren Außendienstmitarbeiter. So, nun können Sie gerne morgen ein Vorstellungsgespräch aufsuchen.

Kommen wir nun zum Cheeseburger. Der Verkaufspreis liegt hier nur bei 1 €.
„Im Allgemeinen kann man davon ausgehen, dass Firmen 200 % auf die Produktionskosten draufschlagen, teilweise sogar mehr. Ich würde davon ausgehen, dass sich die Kosten für einen Cheeseburger auf 20 bis 30 Cent belaufen. Eine dünne Rindfleischscheibe, ein Scheibchen saure Gurke, vier gehackte Zwiebelstückchen, Senf, Ketchup und beim Cheeseburger noch eine Scheibe Käse."
(http://iq.lycos.de/qa/show/68498/Was-verdient-Mc-Donalds-an-einem-Cheeseburger/) Was hat diese Erkenntnis nun mit diesem Buch zu tun? An sich nicht viel. Aber wenn Sie nun immer noch denken, dass Ihr Versicherungsvertreter sich an Ihnen großartig bereichert, irren Sie vermutlich.

Aber nun wollen wir uns intensiv mit anderen Themen beschäftigen.

3. Vermögensbildung

„Wenn wir uns nur mit allem so intensiv beschäftigen würden wie mit der Zusammensetzung unserer Lebensmittel, der Auswahl unseres nächsten Autos oder dem täglichen Fernsehprogramm, müsste es keine Ratgeber für Vermögensgestaltung geben."

Dagobert Duck. Wer kennt diesen berühmten Enterich unserer Kindertage nicht. Wenn es um das Thema Vermögensbildung geht, darf dieser Name nicht fehlen. Als reichste Ente in Entenhausen ist er bekannt geworden, weil er über so viel Bargeld und Goldmünzen verfügte, dass er dafür sogar einen riesigen Speicher bauen ließ. Aber leider funktioniert Vermögensbildung nicht immer so reibungslos wie in Entenhausen. Bei uns in Deutschland gibt es nämlich Dinge wie Finanzkrisen, Abgeltungssteuer, falsche Beratung und außerdem noch die verschiedensten Möglichkeiten, Vermögen zu bilden. Ebenso müssen wir uns mit immer mehr neuen Gefahren auseinandersetzen, wie die Probleme des Generationenvertrags, die Langlebigkeit der Menschen, Pflegebetreuung/Pflegeversicherung oder der Systematik des Drei-Schichten-Modells (Modell zur Bildung von Altersvorsorge: gesetzliche, steuerlich geförderte, staatlich bezuschusste und private Vorsorge).

Rente. Was ist das eigentlich? Ob Sie es nun Rente nennen oder *„Vorsorgen für später"*, *„Vermögensbildung"*, *„Aufbau von größeren Reserven"*, *„Altersrente"* oder *„Kapital"*, spielt eigentlich keine Rolle. Wollen Sie später einmal Geld zur Verfügung haben? Wenn ja, dann lohnt es sich, über folgende Fragen nachzudenken:

1. Ist die gesetzliche Rente eigentlich sicher?
2. Wie viel bekomme ich später?
3. Was ist denn eigentlich Riester?
4. Und wer war noch mal Rürup?
5. Kann ich auch über den Betrieb sparen?
6. Kann ich überhaupt etwas sparen bei meinem Verdienst?
7. Warum soll ich denn überhaupt sparen?

Vielleicht denken Sie jetzt: Warum soll ich denn überhaupt sparen? Sparen für die Rente? Ich zahl doch jeden Monat in die gesetzliche Rente? Meine Eltern bekommen doch auch eine Rente! Nun, die Rente schien bisher ziemlich sicher zu sein! Bereits Norbert Blüm, der ehemalige Bundesminister für Arbeit und Sozialordnung, plakatierte damals: *„denn eins ist sicher: Die Rente"*. Damals hatte die gesetzliche Säule der Altersvorsorge aber bereits die ersten Risse, doch kaum einer der zukünftigen Politiker traute sich, die Probleme des deutschen Generationenvertrags offen zuzugeben. Heute steuern große Teile der deutschen Bevölkerung einer riesigen Altersarmut entgegen, und viele wissen es noch nicht einmal, wie ihre spätere Situation aussehen wird. Auch heute noch bin ich oft dabei, Mandanten von mir die gesetzlichen Rentenbescheide zu erklären und auch die steuerlichen Auswirkungen der verschiedenen Rentenarten zu erläutern. Nur ein Finanzberater, der sämtliche Auswirkungen der steuerlichen Aspekte, staatlich geförderten Produkte, privaten Rentenversicherungen, Betriebsrenten, gesetzlichen Leistungen kennt und Themen wie Abgeltungssteuer, Finanzkrise und Aktieninvestments beherrscht, kann Sie optimal über Ihre persönliche und finanzielle Zukunft beraten.

3.1 Problem des Generationenvertrags – Aufstand der Alten

Bevor wir nun allerdings auf verschiedene Möglichkeiten dieser Formen der Vermögensbildung zu sprechen kommen, beschäftigen wir uns im folgenden Kapitel mit der Frage, warum der Generationenvertrag zwar weiterhin funktionieren wird, aber keine ausreichende Absicherung mehr gewährleisten kann. Denn wer heute noch auf die gesetzlichen Sozialversicherungssysteme vertraut, wird spätestens im Ruhestand eines Besseren belehrt. Wenn Sie gelegentlich Sendungen im Fernsehen ansehen, werden Sie schnell merken, wie viele wahre Experten, Wissenschaftler und Demografieforscher mit Politikern über die Probleme dieser Situation diskutieren und sich einig sind, dass der Trend eindeutig in eine Richtung geht!

Wenn Sie nun nicht von Geburt an mit Reichtum ausgestattet wurden oder im Alter von 20 Jahren eine Idee umsetzten wie Bill Gates, als er Ende der achtziger Jahre ankündigte, dass seine Vision darauf basiert, dass in wenigen Jahren weltweit jeder Mensch über ein sogenanntes „Internet" mit jedem Menschen Informationen austauschen kann, sollten Sie sich überlegen, ob Ihnen die gesetzlichen Ansprüche reichen. Im Falle eines Unfalls, wenn Sie Pflegefall werden oder einfach nur im Fall des Ruhestands (schöneres Wort für Rente) wird es nicht reichen, auf Vater Staat zu vertrauen. Für ein sorgenfreieres Leben wäre es doch vielleicht schöner, wenn Sie zumindest ein bisschen abgesichert sind.

Versuchen Sie doch einfach mal, Vermögensbildung „sexy" zu finden. Warum? Weil private Vorsorge die einzige Möglichkeit darstellt, später einen Ruhestand mit ausreichend finanziellen Mitteln zu genießen.

Denn neben dem demografischen Wandel mit einer wachsenden Zahl von Rentnern bei einer schrumpfenden Zahl von Erwerbstätigen (und somit Rentenzahlern) kommen weitere Unsicherheiten zum Tragen. Allzu optimistische Lohn- und Beschäftigungsannahmen führten zu heftigen Korrekturen nach unten und haben schon jetzt so manche Hoffnung auf einen entspannten Ruhestand zerstört. Gerade der jüngeren Generation bleibt mit der gesetzlichen Rente nur ein trüber Ausblick in die Zukunft.

Laut der aktuellen Studie „Gesetzliche und private Altersvorsorge – Risiko und Rendite im Vergleich" des Deutschen Instituts für Altersvorsorge (DIA) konnte ein lediger Berufsanfänger des Jahrgangs 1950 im Jahr 1970 mit der gesetzlichen Rente noch eine reale Beitragsrendite von mehr als fünf Prozent erwarten. Heute sind es nicht einmal mehr zwei Prozent; tendenziell ist unter realen Bedingungen sogar mit einer Null-Prozent-Rendite zu rechnen (http://www.cecu.de/1017+M53c0ca91e80. html). Selbst die Verantwortlichen der gesetzlichen Rentenversicherung räumen, infolge jüngster Rentenreformen, zukünftig niedrigere Beitragsrenditen ein. Schlechte Karten also bei der gesetzlichen Rente.

Wie schon in dem Bestseller „Das Methusalem-Komplott" von Frank Schirrmacher beschrieben, kann sich unsere Zukunft im schlimmsten Fall auch so darstellen: „Kein Mensch wird gerne alt. Diese persönliche Empfindung wird in den nächsten fünf Jahrzehnten auf nie gekannte Weise zu einer öffentlichen, die individuelle Verwundung durch das Altern wird zu einer Massenerscheinung werden. Jeder, der jetzt schon älter ist als Mitte 30, kennt die privaten Tragödien: Er beginnt in unserer

Gesellschaft zu leiden. Er leidet an seinem Aussehen, am Arbeitsmarkt, an ersten Leistungseinbußen und Krankheiten, an der Sterblichkeit schlechthin. Es gibt ein Leiden, das uns der älter werdende Körper verursacht. Wie ein Auto, das einmal der Stolz der Straßen war und alle Blicke auf sich zog, nun, im Laufe seines Älterwerdens seinem Besitzer zwar noch nützlich, aber zunehmend eine Last und sogar peinlich wird; und gewiss kennen Sie die Modelle, die mit Spoilern und zusätzlichen Scheinwerfern jene Kraft und Jugend ausstrahlen sollen, die sie laut Zulassung längst verloren haben. Aber es gibt ein noch gefährlicheres Leid, das die Gesellschaft dem alternden Lebewesen bereitet. Sie jagt das alternde Auto auf der Autobahn, wenn es nicht freiwillig zur Seite geht, sie stört sich an seinen Geräuschen, sie hält es für eine Umweltbelastung und entzieht ihm am Ende aus Sicherheitsgründen die Zulassung, auf öffentlichen Straßen und Plätzen in Erscheinung zu treten. Wir brechen den Vergleich hier ab; es reicht, zu wissen, dass wir aus Gründen, auf die wir später eingehen werden, Verachtung und Wut herausfordern, wenn wir uns in einem alten oder verbrauchten Körper, Gehäuse oder Kostüm bewegen. Wer heute lebt, nimmt an einem in der Menschheitsgeschichte einzigartigen und von uns allen nicht vorhersehbaren Abenteuer teil. Nicht nur Menschen, ganze Völker werden altern. Die Bewohner des alten Europa erleben dabei ein besonderes Paradox, nämlich den Angriff von zwei Fronten. Sie leben länger, und sie bekommen weniger Kinder. Die Bevölkerungsdynamik wird vom Sterben geprägt sein, nicht mehr von der Geburt. Gesellschaft und Kultur werden so erschüttert sein wie nach einem lautlosen Krieg. Deutschland wird älter und zahlenmäßig schwächer werden – nach Schätzungen der UN im Jahre 2050 um zwölf Millionen Menschen. Das sind mehr als die Gefallenen aller Länder im Ersten Weltkrieg. Im Tierreich wäre diese Population zum Aussterben verurteilt. In der Anthropologie nennt man solche Arten: lebende Tote. Politik zählt nicht, jedenfalls nicht im Augenblick. Die politische Lebensspanne beträgt 46 Monate, die Dauer einer Legislaturperiode. Gegen den Rat der Bevölkerungswissenschaftler rechnet sie sich mit der Lebenserwartung der Menschen reich – sie setzt sie niedriger an und gewinnt damit in der Gegenwart Luft zum Atmen. Peter G. Peterson berichtet in einem Artikel für Foreign Affairs, wie die Poli-

tiker im 20. Jahrhundert auf das unmittelbar bevorstehende Problem unserer kollektiven Alterung zu reagieren pflegten. ‚Von privaten Gesprächen mit den Regierungschefs der großen Wirtschaftsmächte kann ich bestätigen, dass sie alle sehr genau darüber Bescheid wissen, welche erschreckenden demographischen Trends sich ankündigen. Aber bislang wirken sie wie paralysiert.' (...) Wir helfen den Politikern bei ihrem kollektiven Selbstbetrug durch unsere merkwürdige vorauseilende Koketterie mit dem Tode. Aus irgendwelchen Gründen tun wir nämlich so, als wären wir nicht gemeint. Viele glauben, sie erleben diese Zukunft nicht mehr. Andere misstrauen grundsätzlich der Demographie, obgleich die Gegenstände der Berechnung – die geborenen Menschen – ja schon mathematische Tatsachen geworden sind. Nicht nur die Politik, wir selbst rechnen uns unsere Lebenserwartung herunter, gerade so, als könnten wir die letzten Lebensjahrzehnte nur im Nebel ertragen. Jeder, der lesen kann, weiß, dass das Problem unserer Zukunft als Europäer und als Deutsche das gleiche Problem ist, das wir als Individuen haben: das Problem unserer gestiegenen Lebenserwartung. Wir aber, als gelte es einen aufkeimenden Verdacht zu zerstreuen, beeilen uns ungefragt, jedermann zu versichern, dass wir so alt gar nicht werden wollen. Seien Sie – merkwürdige Bitte – einmal für einen Augenblick ganz und gar Egoist. Vergessen Sie für einen Augenblick die Altersrhetorik, die sich in Wendungen wie ‚So alt will ich gar nicht werden' und ähnlichen rhetorischen Ersatzhandlungen manifestiert – ein innerer Selbstabschaffungs-Monolog, auf dessen tiefere Ursachen wir noch zu sprechen kommen werden –, übersetzen Sie einfach in Alltagssprache, was Ihnen heute über Altern, Alter, Rente, Demographie ans Gehör dringt. Das Ergebnis dieser Übersetzung lautet: Ihr eigenes Altern, nicht das abstrakte Altern des Statistischen Bundesamtes, wird bereits heute als Naturkatastrophe behandelt. Die Rechenfehler der Politik sind verheerend für die wirtschaftliche Planung des Einzelnen wie für die Zukunft aller. In Wahrheit werden schon bald, wie das statistische Jahrbuch des Spiegel meldet, die ersten Lebenszeitmillionäre auftauchen. Im Alter von 114 Jahren hat ein Mensch eine Million Stunden gelebt. Uns wird die Paranoia der reichen Erblasser befallen, weil wir nichts anderes zu vererben haben als die Befreiung der Erde von unserer Existenz. In den Mienen und im Augenspiel der wenigen Jungen lesen wir das Urteil oder den Vorwurf, die Hoffnung oder Frage, in jedem Fall die Erinnerung an unser großartiges Versprechen: Warum seid ihr nicht tot? Und dann sind da noch die Kinder der Kinder, jene, die ab dem Jahre 2025 zur Welt kommen müssten. Unsere Enkel. ‚Geschlagen ziehen wir nach Haus, die Enkel fechten's besser aus.' Der Spruch aus dem Bauernkrieg, von dem uralten Philoso-

phen Ernst Bloch populär gemacht, galt immer als Beispiel dafür, wie die Abfolge der Generationen Zukunft schafft. Wir werden nicht sein: ein Volk von Großvätern und Großmüttern. Wenn Sie an Schaukelstühle, Märchen und den Strickstrumpf denken, sind Sie in einem falschen Jahrhundert. Es wird zwar noch Großeltern geben, aber viel weniger Enkel. Der Soziologe Peter Schimany spricht bereits von einem ‚historisch neuen Knappheitsverhältnis', in dem es zu einem Mangel an Verwandten überhaupt, insbesondere aber zu einem Verschwinden der Enkel kommt. Die Großelternrolle, mit der so viele Ältere früher ihre gesellschaftliche Nützlichkeit unter Beweis stellen konnten, wird seltener gespielt werden können. Viele Großeltern teilen sich wenige Enkel. Die 12-Jährigen von heute werden einmal nicht nur die am stärksten besetzten Jahrgänge der 60-Jährigen sein. Sie werden in einer Gesellschaft leben, in der die 80-Jährigen und Älteren nicht mehr wie heute 4 % (3,2 Millionen), sondern 12 % der Bevölkerung (9,1 Millionen) stellen. Die Hälfte des Landes wird älter als 48 Jahre sein, nach anderen Berechnungen sogar älter als 52 Jahre. Das ist eine Gesellschaft, die fast nichts mehr mit der heutigen zu tun haben wird. Sie wird noch über die gleichen Autobahnen und Eisenbahnschienen verfügen, aber ihre seelische Infrastruktur – die Beziehungen zwischen den Generationen – wird völlig verwandelt sein" (Schirrmacher 2004, S. 13-17).

Dieses Buch kann ich auch Ihnen nur uneingeschränkt ans Herz legen, denn es stellt die Situation in unserer Gesellschaft schonungslos dar und zeigt detailliert auf, woher die eigentliche Problematik kommt. Wir wissen zwar alle, dass die drohende Kinderlosigkeit und die schrumpfende Zahl unserer Beitragszahler zu Problemen führen wird, aber was ganz genau passiert und welche Konsequenzen dies für jeden einzelnen von uns hat, wird in diesem Buch detailliert erklärt.

Was sieht unser „Vater Staat" als Lösung vor?

3.2 Lösung: Drei-Schichten-Modell

Viele Bürger können sich noch gut an das frühere Drei-Säulen-Konzept der Altersvorsorge erinnern. Es setzte sich zusammen aus der gesetzlichen Rente, der privaten Altersvorsorge und der betrieblichen Altersversorgung. Durch den Umbau unserer Alterssicherung wurde eine neue steuerliche Systematik für dieses Modell nötig. Seit 1. Januar 2005 folgt die steuerliche Behandlung der Alterseinkünfte einem sogenannten Drei-Schichten-Modell. Das Grundprinzip wurde somit um einige Bausteine erweitert und sieht nun wie folgt aus:

Drei Schichten der Altersvorsorge

3. Schicht
private Vorsorge
u.a. private Rentenversicherung, Kapitalversicherung

Im Rentenbezug steuerlich gefördert

2. Schicht
Kapitalgedeckte Zusatzvorsorge:
Riester-Rente, betriebliche Altersversorgung

1. Schicht
Basisvorsorge
Staatliche Rente, Basisrente

Bis zum Rentenbeginn gefördert / steuerlich begünstigt

Mit diesem Reformpaket hat der Gesetzgeber einen Meilenstein in der Alterssicherungspolitik gesetzt, indem er in die gesetzliche Rentenversicherung eingegriffen und die Besteuerung der Alterseinkommen neu geregelt hat. Steuerreform und Rentenreform greifen nunmehr ineinander und wirken zusammen. Gleichzeitig ist der Rahmen für die private Vorsorge attraktiver geworden: Mit dem Leitmotiv *„Altersvorsorge ist Rente"* fördert der Staat private Vorsorgeverträge, die ein lebenslanges Einkommen im Alter zum Ziel haben und somit helfen, die gesetzliche Rente zu entlasten.

Mehr als zuvor hängt die richtige Gestaltung der privaten Vorsorge von der persönlichen Situation des Einzelnen ab. Die Lebensversicherer haben deshalb passgenaue Ergänzungen zur staatlichen Rente entwickelt. Ihre Angebote sind auf die staatliche Förderung der privaten und betrieblichen Altersvorsorge ausgerichtet und sichern das Langlebigkeitsrisiko ab. Nur ein Lebensversicherer bietet Ihnen heutzutage lebenslange Renten, ganz gleich, wie alt Sie werden, egal ob 80, 90 oder 100 Jahre. Aber nur wer alle drei Schichten seinen individuellen Bedürfnissen entsprechend anpasst und optimal ausnutzt, kann später einen ausgewogenen Rentenmix erwarten. Natürlich müssen Materialwerte wie Eigenheim mit angesetzt werden, aber auch davon kann niemand *„abbeißen"*. Ebenso führt eine mangelnde Mischung der Vorsorgebausteine zu einer einseitigen und damit riskanten Absicherung fürs Alter. Sie sollten die Steuervorteile in der Ansparphase ebenso ausnützen wie die staatliche Bezuschussung, aber die Versteuerung im Rentenalter sollte zumindest Ihr Finanzberater Ihnen erklären.

Bei der richtigen Auswahl der Vorsorgeprodukte sind allerdings einige Punkte zu beachten: Die familiäre, berufliche und finanzielle Situation heute, gestern und vor allem auch morgen muss von Anfang an möglichst detailliert geplant und kontinuierlich angepasst werden. Ebenso müssen zukünftige Vermögensverhältnisse wie eventuelle Erbschaften in die Planung einbezogen werden.

Bei der Erstellung der Altersvorsorgestrategie sollte die gesetzliche Rente mit angesetzt werden, allerdings in realistischer Höhe. Dazu bedarf es am besten eines der letzten Rentenbescheide. Berufsunfähigkeit, Arbeitslosigkeit und Familienschutz müssen ebenso als Risikobausteine in fast jedes Konzept integriert werden. Wie in Kapitel 1.2 besprochen, bekommen auch diejenigen später Probleme, welche die Inflation nie berücksichtigt haben, denn wenn die Rente nur noch halb so viel wert ist, geht das beste Konzept nicht auf. Ebenso gewinnt das Thema Pflege immer mehr an Bedeutung.

Um einen kleinen Einblick in die einzelnen Schichten zu erhalten, wollen wir uns nun die drei Oberbegriffe kurz ansehen, bevor wir in späteren Abschnitten detaillierter auf die einzelnen Produkte eingehen:

Die Basisversorgung als Grundlage der Alterssicherung umfasst die Leistungen aus der gesetzlichen Rentenversicherung, aus landwirtschaftlichen Alterskassen und berufsständischen Versorgungseinrichtungen. Dazu gesellt sich die im Jahr 2005 mit dem Alterseinkünftegesetz neu geschaffene Basisrente (besser bekannt als Rürup-Rente). Gemeinsam ist diesen Produkten, dass aus ihnen begründete Ansprüche keinesfalls übertragbar, vererblich, beleihbar, veräußerbar oder kapitalisierbar sein dürfen. Mittelfristig unterliegen alle Produkte dieser ersten Schicht der vollen nachgelagerten Besteuerung (das heißt, dass die Leistungen erst in der Rentenbezugsphase versteuert werden müssen). Die Beiträge hingegen wirken als Sonderabzug in der Ansparphase steuermindernd.

Die Zusatzvorsorge als zweite Schicht umfasst die betriebliche Altersversorgung und die über staatliche Zulagen beziehungsweise steuerliche Begünstigungen geförderte private Zusatzvorsorge: die sogenannte Riester-Rente. Ebenso wie die Produkte der ersten Schicht sind auch die Beiträge zu diesen Produkten steuermindernd, allerdings nur in beschränktem Umfang. Auch gilt hier: Die Leistungen sind, sofern sie auf geförderten Beiträgen beruhen, der vollen nachgelagerten Besteuerung unterworfen.

Die Schicht der Kapitalanlageprodukte beinhaltet die klassische Kapitallebensversicherung ebenso wie die private Rentenversicherung oder auch Fondssparpläne. Anders als die Produkte der ersten beiden Schichten müssen jene der dritten Schicht nicht notwendigerweise der Altersvorsorge dienen. Steuerrechtlich besteht der Unterschied zu den ersten beiden Schichten darin, dass Kapitalanlageprodukte vom Staat keine steuerliche Förderung erhalten. Beiträge zu diesen Produkten werden aus bereits versteuertem Einkommen gezahlt. Damit sind die monatlichen Leibrenten ab dem 60. Lebensjahr in der Rentenbezugsphase nur mit dem Ertragsanteil zu versteuern.

Als Beispiel: Hans Glück bekommt im Jahr 2041 mit 65 Jahren 1.000 € monatlich aus der gesetzlichen Rentenversicherung, 1.000 € aus einer betrieblichen Altersvorsorge oder Riesterrente und 1.000 € aus einer privaten Vorsorge, somit ergibt sich folgende Versteuerungsvariante:

Gesamt:	3.000 € mtl. (36.000 € jährlich):
zu versteuern:	1.000 € gesetzliche Rente (100 %)
	1.000 € betriebliche / Riester-Rente (100 %)
	180 € aus privater Vorsorge (18 % der Rente)
gesamt:	2.180 € zu versteuern

Sie sehen also, die private Vorsorge ist im Rentenfall steuerlich wesentlich günstiger gestellt als die Produkte der ersten beiden Schichten. Deshalb sollte man bei der Wahl der richtigen Rentenversicherung mehrere Faktoren berücksichtigen, denn steuerliche Aspekte sind bis Rentenbeginn sicher wichtig – aber das gilt für die Zeit danach genauso! Zu allererst sollten Sie aber herausfinden, welcher Spartyp Sie überhaupt sind.

3.3 Welcher Spartyp sind Sie?

Weil wir hier über Vermögensbildung sprechen, sollten wir uns allerdings zuerst fragen: *„Wie kann ich denn überhaupt Vermögen bilden, und was muss ich dafür tun?"*

Vermögensbildung beginnt mit dem ersten und wichtigsten Schritt: Sie müssen das, was Sie heute bereits haben, gegen eventuellen Verlust von morgen absichern – sei es Ihr Auto mit der Vollkaskoversicherung oder Ihre Arbeitskraft, die es zulässt, dass Sie jeden Tag in die Arbeit gehen und Geld verdienen. Ihr heutiges Hab und Gut (Hausrat, Wohnung, Garten und andere Vermögensgegenstände) sollte außerdem gegen Diebstahl, Brand, Sturm und andere wahrscheinliche Gefahren abgesichert sein. Erst dann sollte es um die VermögensNEUbildung gehen. Der erste Schritt dafür ist das Sparen! Aber was sind Sie denn generell für ein Spartyp? Sind Sie eher der *„Dagobert-Duck"*-Spartyp, der jeden Cent umdreht, bevor er ihn ausgibt, oder eher der Sparverweigerer, der sein ganzes, sauer verdientes Geld lieber heute ausgibt, weil er nicht ans Altwerden denken will? Entscheiden Sie selbst, welcher Typ Sie sind! (vgl. dazu: C. u. H. Lüders 2003, S. 169f)

Welcher Spartyp sind Sie?

„Der heimliche Sparer

Keiner darf merken, dass es enger geworden ist. Nach außen bleibt alles beim Alten, in der Wohnung wird bei jedem Verlassen eines Zimmers das Licht ausgemacht. Es werden keine Restaurants mehr besucht, aber vom letzten Besuch wird kräftig und andauernd erzählt.

Der „Dagobert-Duck"-Typ

Der genetische Vorläufer aller Sparkampagnen: Sparen ist lustbesetzt! Was ist ein Orgasmus gegen einen neuen Tausender? Hat es eigentlich nicht nötig zu sparen, aber bezieht daraus seine Kicks.

Der anal fixierte, schmallippige Sparer

Krankhaft, auch bereit, das Aldi-Klopapier zweimal zu verwenden. Kennt kein Verfallsdatum, tyrannisiert Weib und Kind. Dieser Typ betritt ein Lokal nur dann, wenn er eine schriftliche Erklärung hat, dass er eingeladen wird. Einmal die Woche warm duschen muss reichen. Lebensziel: der Reichste auf dem Friedhof.

Der „Geiz ist geil"-Typ

Muss sparen, aber nimmt es sportlich. Sparen als Intelligenzbeweis, er kennt sich aus im Dschungel der Angebote, er ist der überlegene Jäger der Schnäppchen, er macht aus der Not eine Fun-Sportart.

Der multiple Persönlichkeitstyp

Auch der „Schizo-Sparer" genannt. Dieser Typ spart einige Wochen relativ konsequent aus Einsicht in die wirtschaftliche Notwendigkeit, aber nicht wirklich aus echter Überzeugung. Dann aber sieht er plötzlich eine Lederjacke für 500 Euro und schlägt spontan, kurz entschlossen zu, pfeift auf das überzogene Konto und fühlt sich sauwohl dabei.

Der Traditionssparer

Auch der „Weltkrieg-II"-Typ genannt. „Kinder, ihr habt keine schlechten Zeiten erlebt!" Diese Leute haben schon gespart, als Hans Eichel noch im Kindergarten war, sie denken und empfinden nichts Besonderes dabei. Sie besitzen nie eine Kredit- oder EC-Karte, die einzig bekannte Form der Geldanlage ist das Sparbuch. Die Dame des Hauses führt immer ein Haushaltsbuch.

Der Sparverweigerer
Dieser Typ hält Sparen für bitter nötig, aber er will und kann es einfach nicht. In extremen Fällen grenzt er an den Hochstaplertyp. Er fährt einen Fiat Panda, hat am Heck aber einen Ferrari-Aufkleber. Vor der kleinsten Pizza muss zwanghaft Rucola mit Parmesan bestellt werden. Mehr scheinen als sein. Kompensiert Persönlichkeitsdefizite durch Geldverprassen."

Sollten Sie nun zum letzten Spartyp gehören, ist das Kapitel *„Vermögensbildung"* für Sie entweder überflüssig – oder Sie sollten gerade deshalb weiterlesen, um anhand Ihres Finanzplanes so viel Vermögen zu bilden wie nötig und so viel aus Ihrem Leben zu machen wie möglich. Aber die große deutsche Tragödie *„Jetzt kann ich auf keinen Fall etwas sparen!"* betrifft merkwürdigerweise sehr viele Menschen …

3.4 Die große deutsche Tragödie des Sparens

Sind Sie vielleicht gerade zwischen
18 und 25 Jahren und denken sich:
„Ich soll sparen? Machen Sie Witze? Ich bin noch in der Aus-
bildung, und Sie können doch von mir jetzt nicht erwarten,
dass ich spare!? Ich will erst mal ein eigenes Auto fahren und
Spaß haben. Außerdem muss ich noch zum Bund, und wenn
ich damit fertig bin, können Sie mich gerne noch mal aufs Spa-
ren ansprechen."

Die Alterskategorie zwischen
25 und 30 Jahren begegnete mir oft so:
„Ich soll jetzt sparen? Herr Killer, haben Sie vergessen, dass ich
erst vor einigen Jahren mit dem Arbeiten und Geldverdienen
angefangen habe? Zur Zeit muss ich noch eine Fortbildung fi-
nanzieren, wir denken über Kinder nach, und die Finanzierung
für unser Eigenheim läuft auch gerade an. Beruflich werde ich
bald mehr verdienen, und dann können Sie mich noch mal aufs
Sparen ansprechen. Ich habe ja noch viel Zeit bis zur Rente!"

Oder gehören Sie zu den 35- bis 45-jährigen?
„Jetzt sparen? Sie haben doch keine Ahnung, was heutzutage
ein Kind kostet! So viel wie ein kleines Häuschen oder ein Por-
sche! Wenn die Kinder dann aus dem Haus sind und meine
Frau wieder arbeiten geht, können Sie uns gerne noch mal aufs
Sparen ansprechen."

Zwischen 45 und 55 Jahren hat man es auch nicht leicht:
„Herr Killer, jetzt sparen? Wie stellen Sie sich das vor? Meine beiden Kinder studieren gerade und wir finanzieren das Studium mit. Wir mussten schon eine Lebensversicherung auflösen, da ich nicht mehr so viel verdiene, und auch einen kleinen Kredit aufnehmen. Aber bald sind die Kinder fertig, dann können wir anfangen zu sparen."

Die 55- bis 65-jährigen denken sich vielleicht folgendes:
„Ich weiß, jetzt muss ich anfangen mit dem Sparen, aber ich bin gerade knapp bei Kasse. Ich müsste jetzt auch so viel sparen, weil ich so spät anfange. Warum hab ich nicht vor 20 Jahren angefangen zu sparen? Aber vielleicht ergibt sich ja finanziell noch etwas, sonst arbeite ich noch etwas länger ..."

... und wenn es dann bereits zu spät ist:
„Ja, nun ist es wohl zu spät, aber ich brauche ja doch nicht so viel. Ich habe zwar acht Stunden mehr am Tag Zeit, um Geld auszugeben, aber eigentlich brauche ich das auch nicht. Wir wohnen mit unseren Kindern in einem Haus, das Altersheim können wir uns ja von der Rente nicht leisten. Wer soll denn davon überhaupt vernünftig leben? Hätte ich früher mehr gespart, könnte ich jetzt einen sorgenfreien Lebensabend genießen. Ich wollte doch immer ein Haus im Süden, einen schicken Wagen und genug Geld, um meinen Hobbys nachzugehen und etwas von der Welt zu sehen ... Aber hier ist es ja auch ganz schön!"

Finden Sie sich in einer dieser Gruppen wieder? Wenn ja, dann wissen Sie ja, wovon die Rede ist. Prinzipiell ist jeder Traum (auch Ihrer!), zumindest wenn er finanzieller Natur ist, zu verwirklichen. Die Frage ist nur, ob Sie sich das leisten wollen und können. Aber wenn Sie heute jung sind, und ich meine damit jeden prinzipiellen Sparer ab dem 18. Lebensjahr, dann sollten Sie sich ab einem gewissen Einkommensstand Gedanken über Ihren zukünftigen Vermögensaufbau machen, um sich die Realisierung Ihrer Träume, wie beispielsweise, im Alter finanziell abgesichert zu sein, zu ermöglichen. Wenn Sie sich mehr leisten wollen als nur einen angenehmen Lebensabend, dann fangen Sie damit besser heute an als morgen!

Dies ist kein Ratgeber, wie Sie Multimillionär werden, da muss ich Sie leider enttäuschen. Entweder sind Sie es heute schon, oder Ihre Chance, es zu werden, liegt ungefähr bei 0,0001 %. Aber sobald Sie sich den einen oder anderen Lebenstraum wirklich erfüllen können, sind Sie schon weiter als die meisten anderen, die nur davon erzählen!

Vermögensbildung fängt schon im Kleinen an. Und wenn Sie bald Ihre eigenen vier Wände, ob Wohnung oder Haus, spielt dabei ja keine Rolle, und ein kleines Boot besitzen, mit dem Sie zusammen mit Freunden zum Angeln fahren können, sind Sie vielleicht schon ein Stück weiter als heute. Wenn Sie beides schon haben, denken Sie einfach an ein Ferienhaus in Ihrem Lieblingsurlaubsland. Wäre das nicht schön?

Interessant erscheint mir in diesem Zusammenhang die Frage: Haben wir Deutschen denn überhaupt Geld zum Sparen oder um ein Vermögen zu bilden? In Zeiten wie diesen, in denen es allen anscheinend so schlecht geht (Jammern auf hohem Niveau!), bleibt doch eigentlich kein Geld übrig!? Oder doch? Folgende Grafik zeigt uns das Sparverhalten der Deutschen Ende 2008:

Das Geldvermögen der Deutschen

Spar-, Sicht- und Termineinlagen

1477 Mrd. €

Geldanlagen bei Versicherungen

1205 Mrd. €

Investmentfonds

545 Mrd. €

Aktien

393 Mrd. €

Festverzinsliche Wertpapiere

333 Mrd. €

Bargeld

144 Mrd. €

Sonstiges **467 Mrd. €**

Quelle: Deutsche Bundesbank

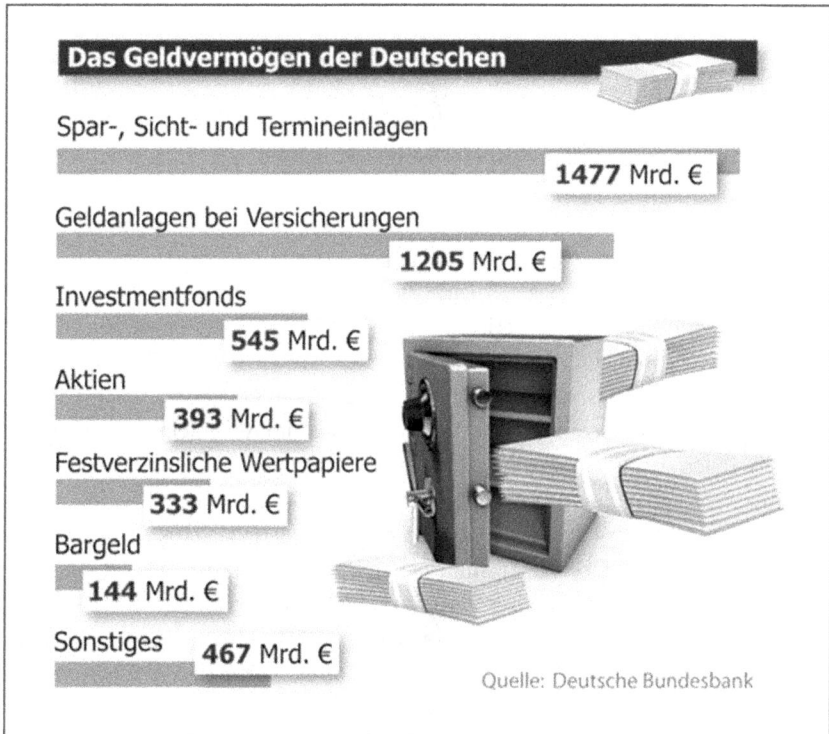

(http://www.stern.de/wirtschaft/finanzen-versicherung/finanzen/641636.html)

4.564.000.000.000 Euro!

Pro Kopf gerechnet, sind das bei 80 Millionen Einwohnern in Deutschland 57.050 Euro, die im Durchschnitt jeder von uns haben müsste!

Können Sie sich denn eine Million Euro überhaupt vorstellen? 1.000.000 €, eine 1 und 6 Nullen? Aber *„wie hoch"* ist denn so eine Million überhaupt? Würde man 500-Euro-Scheine nehmen, bräuchte man davon 2.000 Stück, so dass ein Stapel von circa 20 cm entstünde. Doch wie hoch wäre dann der Stapel eines Milliardärs? Für eine Milliarde Euro (also 9 Nullen) brauchen Sie logischerweise 1.000 x 20 cm, gäbe 200 Meter! Das Rettungspaket der amerikanischen Regierung während der

Finanzkrise 2009 mit knapp einer Billion US-Dollar wäre somit etwa 200 km hoch! Der momentan höchste Turm der Welt in Dubai hat dagegen nur 800 Meter Höhe.

3.5 Möglichkeiten der Kapitalanlage

„Wer viel Geld hat, kann spekulieren; wer wenig Geld hat, darf nicht spekulieren; wer kein Geld hat, muss spekulieren." (André Kostolany)

Entweder man hält es wie André Kostolany, der sich den Status eines Börsengurus durch zahlreiche Bücher, Kolumnen, Vorträge und Seminare zum Thema erwarb, oder man handelt nach der Devise: *„Sicherheit geht vor Rendite!"*
Doch was Geldanlagen betrifft, setzt *„der Deutsche"* im Allgemeinen eher auf Bewährtes – nach den letzten beiden Finanzkrisen 2001 und 2008 umso mehr. Man darf aber trotzdem nicht vergessen: Deutschland gehört immer noch zu den reichsten Ländern der Welt – daran haben auch die besagten Finanzkrisen nichts geändert. Auch wenn wir Deutschen immer jammern. *„Immerhin verfügten die deutschen Haushalte Ende 2007 über das unglaubliche Geldvermögen von insgesamt 4,56 Billionen Euro. Zehn Jahre zuvor waren es erst 2,96 Billionen Euro. Dabei wird bei dieser Erhebung durch die Deutsche Bundesbank nicht einmal das durchaus erhebliche Immobilienvermögen berücksichtigt. Trotzdem bleiben die deutschen Sparer risikoscheu: Per Ende 2007 waren über 1,6 Billionen Euro auf Giro- und Tagesgeldkonten, als Festgeld und in verschiedensten Sparformen geparkt – oder schlummerten wirklich als Bargeld unter der Matratze. Gut ein Viertel des deutschen Geldvermögens steckt in Lebensversicherungen, bei Pensionskassen, berufsständischen Versorgungswerken sowie in Zusatzversorgungseinrichtungen. Insgesamt 2,8 Billionen Euro – oder über 60 %des gesamten Geldvermögens – ruhen also bei Banken und Versicherungen (siehe Grafik oben). Nur knapp 9 % des Geldvermögens stecken in Aktien, obwohl eine Aktienanlage in der Vergangenheit langfristig die höchsten Renditen brachte: Immerhin hat sich der Deutsche Aktienindex in den vergangenen 20 Jahren trotz der kräftigen Kursrückschläge der vergangenen Wochen rund versechsfacht. Doch den Deutschen geht Sicherheit offensichtlich vor Rendite"* (http://www.stern.de/wirtschaft/finanzen-versicherung/finanzen/:Geldverm%F6gen-Hauptsache/641636.html).

Aber welche Möglichkeiten zur Kapitalanlage bieten sich denn nun an? Unabhängig von den verschiedenen Sparzielen anbei eine kleine Auswahl:

    I. Sparbuch, Festgeld, festverzinsliche Wertpapiere
    II. Geldmarktfonds
    III. Aktienfonds, Rentenfonds, Dachfonds
    IV. Schiffsbeteiligungen, Zertifikate
    V. Klassische Lebensversicherungen
    VI. Fondsgebundene und klassische Rentenversicherungen
    VII. Riester-Rente und Rürup-Rente
    VIII. Betriebliche Altersversorgungen
    IX. Bausparen
    X. Immobilieneigentum

Diese Liste erhebt zunächst keinen Anspruch auf Vollständigkeit, aber die wichtigsten Möglichkeiten sind hierbei aufgeführt. Auf Immobilien wollen wir in diesem Zusammenhang nicht näher eingehen. Die Tatsache, dass ein Eigenheim immer interessant ist – heute und im Alter – beziehungsweise dass ein vermietetes Objekt Vor- und Nachteile hat, muss jeder für sich selbst abwägen. Aber in Bezug auf Vermögensbildung wollen wir uns einige der obigen Punkte im folgenden Kapitel etwas näher ansehen.

Dabei ist vor allem der steuerliche Aspekt nicht zu verachten. Denn womit auch immer man in Deutschland legal Geldvermehrung betreibt, kommt der Fiskus und will einen Teil haben. Seit 01.01.2009 gibt es die sog. *„Abgeltungssteuer"* auf Kapitalerträge u.a. aus Aktien, Investmentfonds und Zertifikate. Wie sie funktioniert und welche Konsequenzen diese für Kapitalanleger hat, soll im folgenden Kapitel erläutert werden.

3.6 Abgeltungssteuer – Fragen und Antworten

Steuern, Steuern, Steuern, keiner blickt mehr durch!
Eine Steuer ist allerdings ausnahmsweise relativ einfach, denn hier bezahlt man immer 25 % (eventuell zuzüglich Soli und Kirchensteuer): Die Abgeltungssteuer!

„Auf welche Kapitalerträge muss ich denn nun Steuern bezahlen? Wann muss ich die Steuer abführen? In der Ansparphase oder erst zur Fälligkeit? Muss ich die Zinsen meiner Lebensversicherung nun Jahr für Jahr versteuern? Werden die minimalen Erträge auf meinem Sparbuch nun auch noch zusätzlich versteuert?"

„Tausend Mal gehört, tausend Mal ist nichts passiert." Dies wäre auch ein passender Songtitel für die Abgeltungsteuer. Aber seit 01.01.2009 greift sie nun endgültig und betrifft jeden, der Zinsen erwirtschaften will. Ziel soll es nun sein, die wichtigsten Fragen zu beantworten und klarzumachen, welche Produkte von der Abgeltungssteuer profitieren (vgl.: Simons 2008, S. 58–62):

Was ist die Abgeltungsteuer und wie funktioniert sie?
Sie wird direkt an der Quelle einbehalten – etwa bei Banken, Sparkassen und Fondsgesellschaften. Und zwar dort, wo Privatinvestoren Festgeldkonten und Wertpapierdepots unterhalten. 25 % ist der pauschale Steuersatz. Dazu kommen eventuell Kirchensteuer und Soli-Zuschlag.

Derzeit haben Privatanleger Anspruch auf einen sogenannten Sparerfreibetrag und die Werbungskosten-Pauschale. Wird das so bleiben?
In gewisser Weise schon, doch in veränderter Form. Beide – Sparerfreibetrag und Werbungskosten-Pauschale – werden zusammengeführt und heißen nun *„Sparerpauschbetrag"*. Dieser wird insgesamt 801 € bei Alleinstehenden und 1.602 € bei gemeinsam zur Einkommensteuer veranlagten Eheleuten betragen. Neu ist, dass mit diesem Sparerpauschbetrag sämtliche Aufwendungen im Zusammenhang mit der Geldanlage abgegolten sind. Dies bedeutet, dass ein Steuer sparender Einzelnachweis von Werbungskosten, die im Zusammenhang mit der Vermögensbildung anfallen, nicht mehr möglich sein wird.

Wie werden Kursgewinne bei Wertpapieren künftig behandelt?
Und: Was geschieht mit der 12-monatigen Spekulationsfrist, die derzeit noch gilt
und die nach Ablauf realisierten Kursgewinne bei Wertpapieren vor dem Zugriff
des Finanzamtes verschont?
Auch Kursgewinne werden der 25-prozentigen Abgeltungsteuer unterliegen. Auf die
Haltedauer eines Wertpapiers kommt es dabei nicht mehr an. Die 12-monatige Spekulationsfrist wird ersatzlos gestrichen.

Wie sieht die Wirkung auf Aktienfonds-Sparpläne aus?
Jedes (oft monatliche) Investment betrachtet die Finanzverwaltung als separate Einmalanlage. Somit gilt im Hinblick auf Quellensteuer die bereits erwähnte Stichtags-
regelung. Dies bedeutet konkret: Nur Kursgewinne aus Sparraten bis Jahresende
2008 unterliegen nach Ablauf der 12-Monats-Frist nicht der Abgeltungsteuer. Also
jede Sparrate seit 2009 fällt voll unter die Besteuerung der Abgeltungssteuer. Macht
der Fonds also 8 %, zahlen Sie auf die Zinsen mindestens 25 % Abgeltungssteuer
(plus Soli und Kirchensteuer) und haben somit netto *„nur noch"* 6 %.

Sind seit 2009 auch Kapital bildende Lebensversicherungen beziehungsweise
fondsgebundene Rentenversicherungen vom Quellensteuerabzug betroffen?
Auch hier ist die Sache nicht ganz so einfach. Denn es muss zwischen drei Fällen
unterschieden werden:

1. Fall: Sofern der Vertrag bis einschließlich Silvester 2004 abgeschlossen wurde,
bleibt die völlige Steuerfreiheit von Ablaufleistungen beziehungsweise Kapitalabfin-
dungen bei Kapital bildenden Lebensversicherungen respektive privaten Rentenpo-
licen erhalten. Voraussetzung ist, dass der Vertrag bei Ende eine mindestens 12-jah-
rige Laufzeit hatte und der Versicherungsnehmer nicht weniger als 5 Jahre Beiträge
für seine Police gezahlt hat.

2. Fall: Wurde der Vertrag nach dem 31.12.2004 abgeschlossen, dann gilt Folgendes: Hat der Versicherungsnehmer bei Vertragsende das 60. Lebensjahr vollendet
und sind mindestens 12 Jahre Versicherungslaufzeit vergangen, unterliegt die Ablaufleistung beziehungsweise Kapitalabfindung nicht der Abgeltungsteuer. Stattdessen gilt auch künftig das sogenannte Halbeinkünfte-Verfahren. Dies bedeutet: 50
Prozent der Überschüsse bleiben unbesteuert, die restliche Hälfte der (Zins-)Erträge

in der Ablaufleistung beziehungsweise Kapitalabfindung wird mit dem individuellen Steuersatz des Versicherungsnehmers belegt.

3. Fall: Unter Umständen greift dennoch die 25-prozentige Quellenbesteuerung bei Kapital bildenden Lebensversicherungen, die ab einschließlich 1. Januar 2005 vereinbart wurden. Voraussetzung ist, dass der Versicherungsvertrag bei Policenende entweder weniger als 12 Jahre Laufzeit hinter sich gebracht hat oder aber der Versicherungsnehmer bei Ablauf der Police sein 60. Lebensjahr noch nicht vollendet hat.

Greift die Abgeltungsteuer auch bei lebenslangen Leibrenten-Zahlungen aus privaten Rentenversicherungen?
Definitiv nicht. Hier bleibt auch alles beim Alten. Dies bedeutet: Die Besteuerung erfolgt auf Grundlage des vergleichsweise günstigen Ertragsanteils. Demnach wird nur ein recht geringer Teil der privaten Rentenzahlungen dem Zugriff des Finanzamtes ausgesetzt. Die (prozentuale) Hohe des Ertragsanteils, auf Basis der jährlichen Leibrente, richtet sich nach dem vollendeten Lebensjahr des Privat-Rentiers bei erstmaliger Zahlung. Faustformel: Je älter der Versicherungsnehmer beim ersten Zahlungseingang ist, desto niedriger fällt der Ertragsanteil aus und umso milder ist die Besteuerung.

Ein Beispiel hierzu:

Ein 65-Jähriger geht im Jahr 2040 in Rente. Er bekommt monatlich 1.000 € gesetzliche Rente und 1.000 € aus einer privaten, fondsgebundenen Rentenversicherung. Nach aktueller Lage muss er die 1.000 € aus der gesetzlichen Rentenversicherung zu 100 % ins zu versteuernde Einkommen mitnehmen, von den 1.000 € aus privater Rente nur 18%. Hätte er keine anderen Einkünfte, hat er ein zu versteuerndes Einkommen von 1.180 € monatlich, was bei der Einkommensteuertabelle 2008 eine Steuerbelastung von 1.334 € im Jahr (111,17 € monatlich) ausmacht. Somit bekommt er nach Steuer nicht mehr 2.000 €, sondern 1.888 € *„Rente"*.

Wie sieht nun die generelle Systematik bei der Besteuerung von Alterseinkünften aus? Und: Sind staatlich geförderte Vorsorgeangebote ebenfalls von der 25-prozentigen Quellensteuer betroffen?

Allgemein gilt die sogenannte nachgelagerte Besteuerung. Wahrend des Vermögensaufbaus unterliegen deshalb Erträge bei der Riester-Rente, der Rürup-Rente und auch der betrieblichen Altersversorgung (bAV) nicht der Quellenbesteuerung. Zum Ausgleich greift das Finanzamt später auf die Rentenzahlungen zu. Und zwar wie folgt: Die Riester-Rente wird später in voller Höhe besteuert. Bei der Rürup-Rente steigt Jahr für Jahr der steuerpflichtige Anteil (anfangs in Schritten von zwei Prozentpunkten, dann nur noch um einen Prozentpunkt jährlich). Am Ende unterliegt sie dem vollständigen Zugriff des Finanzamts. Zum Ausgleich dürfen Rürup-Sparer jedes Jahr mehr sogenannte Altersvorsorgeaufwendungen als Sonderausgaben steuersparend mit dem Fiskus abrechnen. Im Jahr 2009 sind dies pro Person 13.600 Euro. Der künftig erreichte maximale steuerabzugsfähige Altersvorsorgebeitrag beträgt pro Kalenderjahr und Person 20.000 Euro. Firmen-Renten unterliegen ebenfalls der nachgelagerten Besteuerung. Später greift das *„moderne Institut für Christenverfolgung"*, sprich das Finanzamt, auf die gesamte Zahlung zu. Während des Vermögensaufbaus gilt hingegen die steuerlich günstige *„Entgeltumwandlung"*. Dies bedeutet: 4 % seines Einkommens (bis zur Beitragsbemessungsgrenze in der gesetzlichen Rentenversicherung West) darf ein Arbeitnehmer steuerfrei in eine Betriebsrente investieren. Zudem fallen auch keine Sozialabgaben an.

In den beiden folgenden Grafiken sehen Sie exemplarisch die Auswirkungen der Abgeltungssteuer. In der ersten Grafik wurde jährlich 25 % Abgeltungssteuer von den Zinsen abgezogen, in der zweiten Grafik ist der Zinssatz ohne entsprechenden Abschlag. Nach 40 Jahren ergibt sich dadurch ein entsprechender Nachteil, den die Grafiken verdeutlichen sollen. *(nächste Seite)*

mit Abgeltungssteuer (exemplarisch)

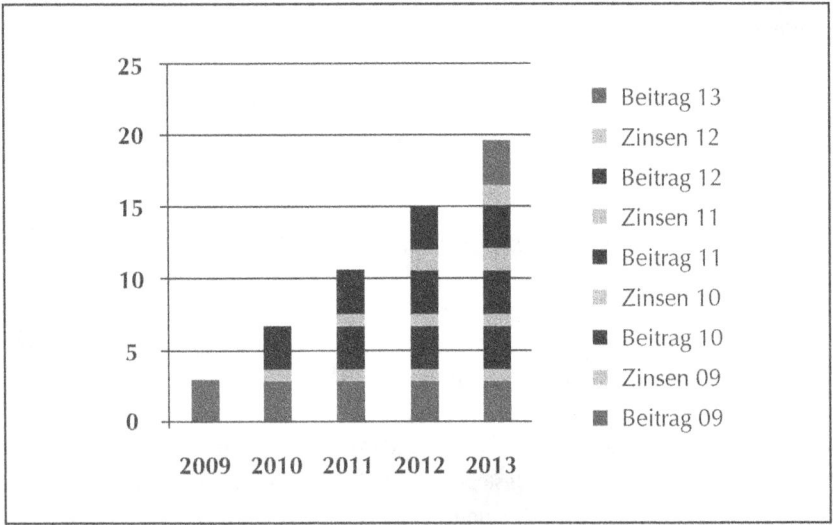

Legende:
- Beitrag 13
- Zinsen 12
- Beitrag 12
- Zinsen 11
- Beitrag 11
- Zinsen 10
- Beitrag 10
- Zinsen 09
- Beitrag 09

Ohne Abgeltungssteuer (exemplarisch)

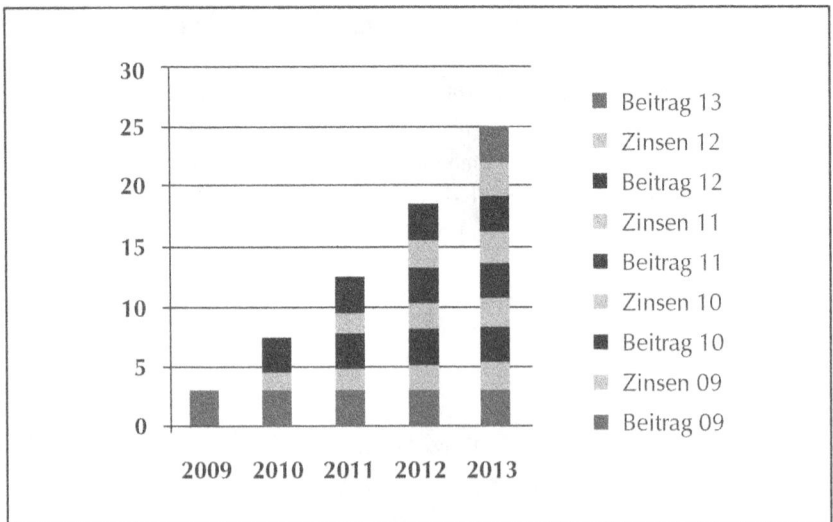

Legende:
- Beitrag 13
- Zinsen 12
- Beitrag 12
- Zinsen 11
- Beitrag 11
- Zinsen 10
- Beitrag 10
- Zinsen 09
- Beitrag 09

3.7 Gewinner der Abgeltungssteuer

„Bis vor drei Jahren war die Welt noch in Ordnung. Wer für sein Alter vorsorgen wollte, schloss eine Lebensversicherung ab, profitierte nach zwölf Jahren von der steuerfreien Auszahlung und sicherte mit dem Risikoanteil seine Familie ab. Über das ausgezahlte Vermögen konnte der künftige Ruheständler frei verfügen und es entweder in eine lebenslange Rente umwandeln oder sich mit einer Einmalzahlung endlich die lang ersehnte Weltreise gönnen. Heute blickt keiner mehr durch. Riester, Rürup, Fondspolicen, Rentenversicherungen, Bank- oder Fondssparplan – mit der Abgeltungssteuer verlieren selbst Steuerberater oft den Überblick" (Müller & Wenzl 2007, S. 69). Deshalb übernehmen heute Versicherungsvertreter (frei nach dem Motto *„Versicherungen sind mehr als nur ein Fuzzi"*) die entsprechende Beratung zu Rentenprodukten. Denn der steuerliche Aspekt ist bei dieser Thematik nicht zu verachten. Nur der richtige Mix aus den verschiedenen Rentenprodukten bewirkt eine optimale Vorsorgestruktur in der Ansparphase, durch die Ausschöpfung der steuerlichen Vorteile und der staatlichen Förderung. Aber auch in der Rentenbezugsphase ist es wichtig, die steuerlichen Aspekte zu kennen, da Sie manche Produkte, wie gerade erklärt, voll versteuern müssen, private Rentenversicherungen aber oft nur minimal mit dem Ertragsanteil. Die Gewinner der Abgeltungssteuer sind deshalb vor allem die privaten klassischen Lebens- und fondsgebundenen Rentenversicherungen. Die Gründe, weshalb Fondssparpläne im Zusammenhang mit der Abgeltungssteuer nicht mehr so attraktiv sind wie in der Vergangenheit, wollen wir in diesem Kapitel erläutern. Denn auch in einem Artikel der Fachzeitschrift Focus Money wird treffend beschrieben, wie Sparer bei Rentenversicherungen nach Steuer einen höheren Gewinn als bei Fondssparplänen erzielen. Denn schließlich interessiert uns nur, was nach Steuern zum Konsum übrig bleibt.

Die Abgeltungssteuer ist nun nicht die einzige große Hürde, mit der wir uns bei der Frage nach der richtigen Strategie zum Vermögensaufbau beschäftigen dürfen. Die Probleme sind vielfältig: eine sich ständig verändernde Alterspyramide in Deutschland, die Langlebigkeit, die bei lebenslangen Rentenzahlungen mitspielt, ein krankes Sozialversicherungssystem, das ohne Subventionen so nicht mehr funktionieren würde, und vor allem auch die Frage nach der berühmten Sicherheit. Die beiden Finanzkrisen zu Beginn dieses Jahrhunderts machten uns deutlich, dass Rendite und Sicherheit nicht unbedingt vereinbar sind. Allerdings ist eine vernünftige Durchschnittsrendite mit Sicherheit kombinierbar. Die Frage ist nur: Wie!? Aber in Anbetracht der Finanzkrise kommen wieder zwei große Gewinner zum Vorschein: die klassischen Lebens- und fondsgebundenen Rentenversicherungen! (s. Kap. 3.7.1 & 3.7.2)

Nehmen wir als Beispiel eine fondsgebundene Rentenversicherung mit einem Aktienfonds X und einer Laufzeit von 30 Jahren mit 100 € monatlicher Sparrate. Wie Sie der Grafik entnehmen können, kommt bei einem Fondssparplan zwar eine höhere Ablaufleistung zustande, aber durch die unterschiedliche Besteuerung bekommen Sie nach Steuer bei einer vergleichbaren Rentenversicherung auf Fondsbasis ca. 15.500 € verfügbares Guthaben mehr. Bei Ihrem Fondssparplan legen Sie nun die Ablaufleistung, die bereits versteuert wurde, in einem Auszahlplan an, um eine monatliche Rente zu erzielen. Die dort erzielten Zinsen müssen Sie wiederum versteuern. Der zweite Nachteil: Bei einem Fondssparplan mit Kapitalverzehr ist das Vermögen irgendwann zu Ende. Sollten Sie aber nun länger leben, haben Sie wiederum ein Problem, wenn Ihr Kapital irgendwann aufgebraucht ist. Rentenversicherungen hingegen bieten Ihnen lebenslange monatliche Leistungen an. In unserem Beispiel bekommen Sie so Monat für Monat 126 € mehr Rente, lebenslang und auf 30 Jahre sind dies wiederum über 45.000 € Vorteil bei der Rentenversicherung. Anbei sehen Sie die Tabelle, die einen Vergleich zwischen einem Fondssparplan und einer Rentenversicherung liefert und den Beleg dafür, dass nach Steuerabzug bei der Rentenversicherung mehr Geld übrigbleibt:

Einzahlungsphase	Fondspolice	Fondssparplan
monatliche Sparrate	100 €	100 €
Laufzeit	30 Jahre	30 Jahre
jährliche Wertentwicklung brutto	8 %	8 %
davon jährlich zu versteuernde Erträge	0	2 %
darauf jährliche Abgeltungssteuer (25 % ohne Soli)	0	0,50 %
d. h. jährliche Wertentwicklung netto	8 %	7,50 %
Vermögen nach 30 Jahren	121.354 €	129.064 €
davon gezahlte Sparraten		36.000 €
d.h. steuerpflichtiger Gewinn	0	93.064 €
Steuern (Abgeltungssteuer 25%)	0	23.266 €
verfügbares Guthaben nach Steuer	**121.354 €**	**105.798 €**

Auszahlungsphase	Fondspolice	Auszahlplan mit Kapitalverzehr
Dauer der Auszahlung	lebenslang	30 Jahre
Verzinsung Auszahlung brutto		4 %
darauf Abgeltungssteuer (25%)		25 %
Verzinsung Auszahlung netto		3 %
Monatsrente	603 €	444 €
Ertragsanteil (18%)	109 €	
Steuern (pers. Steuersatz:30%)	33 €	
Monatsrente netto	**570 €**	**444 €**

Fall: Mann, 35 Jahre, Allianz-Police R4-Tarif mit Beitragsrückzahlung im Todesfall
(Quelle: Müller & Wenzl 2007, S. 70)

Das gleiche gilt auch bei der Einmalanlage von höheren Beträgen wie z.B. der Ablaufleistung aus einer frühzeitig endenden Lebensversicherung oder einer Erbschaft. Sollten Sie nun mit Mitte 30 eine Erbschaft antreten oder eine Lebensversicherung wird weit vor Renteneintritt fällig, stellt sich die Frage *„wohin mit dem ganzen Vermögen?"* In einigen Fällen bieten sich Kredittilgungen oder dringend notwendige Renovierungsarbeiten rund um's Eigenheim an. Aber das Geld bis zum Rentenbeginn erneut anzulegen, ist durchaus auch eine interessante Alternative, da bekanntlich nach 1964 geborene einen Beginn der Regelaltersrente aus der gesetzlichen Sozialversicherung mit 67 Jahren haben.

Im nächsten Beispiel nun ein Vergleich einer Anlagesumme von 100.000 €, investiert in eine private Rentenversicherung bzw. in ein reines Investmentdepot. Durch die 25% Abgeltungssteuer ist die Differenz des verfügbaren Guthabens nach 30 Jahren knapp 265.000 € zugunsten der Rentenversicherung. Bei Betrachtung einer monatlichen Rentenzahlung liegt der Unterschied, ähnlich wie bei vorigem Beispiel mit der kontinuierlichen Besparung, bei 1.585 € Monat für Monat. Auf 30 Jahre ist die Differenz hier zugunsten der Rentenversicherung bei sage und schreibe über 570.000 €. Auch hier ergibt sich wiederum der Vorteil, dass die Rentenversicherung lebenslang auszahlt und bei dem Fondsguthaben das Kapital irgendwann aufgebraucht ist!

Einzahlungsphase	Fondspolice	Fondssparplan
Einmalbeitrag	100.000 €	100.000 €
Laufzeit	30 Jahre	30 Jahre
jährliche Wertentwicklung brutto	8 %	8 %
davon jährlich zu versteuernde Erträge	0	2 %
darauf jährliche Abgeltungssteuer (25 % ohne Soli)	0	0,50 %
d. h. jährliche Wertentwicklung netto	8 %	7,50 %
Vermögen nach 30 Jahren	945.890 €	875.496 €
davon gezahlte Sparraten		100.000 €
d.h. steuerpflichtiger Gewinn	0	775.496 €
Steuern (Abgeltungssteuer 25%)	0	193.874 €
verfügbares Guthaben nach Steuer	**945.890 €**	**681.622 €**
Auszahlungsphase	**Fondspolice**	**Auszahlplan mit Kapitalverzehr**
Dauer der Auszahlung	lebenslang	30 Jahre
Verzinsung Auszahlung brutto		4 %
darauf Abgeltungssteuer (25%)		25 %
Verzinsung Auszahlung netto		3 %
Monatsrente	4.698 €	2.859 €
Ertragsanteil (18%)	846 €	
Steuern (pers. Steuersatz:30%)	254 €	
Monatsrente netto	**4.444 €**	**2.859 €**

Fall: Mann, 35 Jahre, Allianz-Police R4-Tarif mit Beitragsrückzahlung im Todesfall
(Quelle: Müller & Wenzl 2007, S. 70)

3.7.1 „Lebensversicherung – nichts ist sicherer!"

Bevor wir uns nun näher mit der klassischen Lebensversicherung beschäftigen, sollten Sie wissen, dass zum Oberbegriff *„Lebensversicherung"* vieles dazugehört: etwa die klassische Lebensversicherung, aber auch eine Berufsunfähigkeitsversicherung, ebenso die Rentenversicherung.

Was in Fachkreisen schon lange bekannt war, ist jetzt auch vonseiten der Presse öffentlich gemacht worden: Die klassische Lebensversicherung ist nicht nur die beliebteste Geldanlage aller Deutschen, sondern sie ist auch mit die sicherste.

„Die gute alte Lebensversicherung – Die traditionellen Lebensversicherungskunden verlieren derzeit kein Geld" (Handelsblatt, 27.10.2008)

„Die Krise bietet Chancen – Experten erwarten für 2009 eine Renaissance klassischer Versicherungen" (Handelsblatt, 27.10.2008)

„Lebensversicherungen gewinnen in der Krise – In schlechten Zeiten wird eigentlich Langweiliges plötzlich unheimlich sexy" (Handelsblatt.com, 26.10.2008)

„Unspektakulär, aber verlässlich – Die klassische private Rentenpolice ist sicher – Niedriger Aktienanteil wirkt als Puffer in Zeiten der Finanzkrise" (Die Welt, 31.10.2008)

„Münchener Rück will von der Krise profitieren – Bomhard: Wir stehen wirklich gut da" (Frankfurter Allgemeine Zeitung, 16.10.2008)

„Deutsche Versicherer brauchen keine Staatshilfe – Münchener Rück gibt Entwarnung" (Handelsblatt, 16.10.2008)

„Versicherer brauchen keine Milliardenhilfe vom Bund" (Hamburger Abendblatt, 16.10.2008)

„Die klassische Privatrente ist sicher – Die meisten Anbieter sind vom Börsencrash kaum betroffen" (Welt am Sonntag, 26.10.2008)

„Lebenspolicen sind gefragt – Versicherungsprodukte hängen Banksparpläne ab – Anleger reagieren gelassen auf neue Steuer" (Handelsblatt, 29.10.2008)

John F. Kennedy sagte einmal: *„Das Wort Krise setzt sich im Chinesischen aus zwei Schriftzeichen zusammen. Das eine bedeutet Gefahr und das andere Gelegenheit."* So gesehen bietet sich Ihnen in diesen Zeiten eine gute Gelegenheit, Ihr Geld und somit Ihre Zukunft auf die sichere Seite zu bringen. Denn selbst die kritische Presse attestiert den klassischen Lebensversicherungen und den Versicherern, dass sie in der Finanzkrise Stärke beweisen! Und glaubt man nun der allgemeinen Volkswirtschaftslehre, wiederholen sich die Phasen der Konjunktur und damit auch die Tiefphasen immer wieder. Wir fragen uns in Zeiten der globalen Finanzkrise häufig, was wohl aus unserem mühsam Ersparten werden wird. Eines steht dabei absolut fest: Wer sein Geld in Form einer normalen Kapitallebensversicherung anlegt beziehungsweise angelegt hat, kann absolut sorgenfrei schlafen und muss sich um die Sicherheit seiner Finanzen und seiner Altersvorsorge in diesem Bereich keinerlei Sorgen machen. *„Dies ist keine Behauptung, die so in den Raum gestellt wird, sondern das Ergebnis einer aktuell durchgeführten Studie des Analysehauses ,Morgen & Morgen' und des Branchendienstes ,Map-Report'. Die Aussagen in Bezug auf die Anlageform ,Lebensversicherung' sind hierbei eindeutig positiv: Die Anlagen in einer konventionellen Lebensversicherung sind so sicher wie kaum irgendwo anders! Eine Erkenntnis, für die andere Finanzhäuser derzeit beinahe alles geben würden, und die immerhin 90 Millionen Kunden betrifft und erfreuen darf. Denn genau so viel Versicherungsverträge gibt es in diesem Bereich. (...) Der Grund für diese guten Nachrichten ist schnell gefunden. Denn die rund 690 Milliarden Euro, welche die Lebensversicherer an Kapitalanlagen verwalten, werden äußerst konservativ angelegt. Und zwar mit einer Anlagestrategie, die nur zu einem geringen Teil auf Aktien setzt. Und genau dies zahlt sich in Zeiten wie diesen doppelt aus. Nämlich in Form von Sicherheit und Rendite. Denn in der Finanzwelt sollte sich mittlerweile herumgesprochen haben, dass eine auffällig große Rendite vor allem ein äußerst großes Risiko in der Anlagestrategie in sich birgt. Aber auch die Bundesanstalt für Finanzdienstleistungsaufsicht (Bafin) trägt in letzter Konsequenz zu dieser guten Sicherheitsnachricht bei. Denn ein ,finanzielles Wildwest' können, dürfen und wollen die Versicherungsunternehmen gar nicht spielen. Die Bafin schaut genau hin, gibt Anlagevorgaben und unterzieht die Versicherer in regelmäßigen Abständen einem Stresstest.*

Und zu guter Letzt gibt es immer noch ‚Protektor', einen Sicherungsfonds, der als absolutes Sicherungsnetz für die Versicherer von ihnen selbst gewoben wurde. Denn sollten allen Annahmen zum Trotz interne Lösungen bei einer finanziellen Notlage eines Unternehmens immer noch nicht ausreichen, kann der Policenbestand auf ein anderes, gesundes Unternehmen übertragen werden. Ist diese Rettungsmöglichkeit nicht gegeben, springt „Protektor" ein. Dieser Sicherungsfonds beinhaltet derzeit mehr als 500 Millionen Euro, Mittel, die bei Bedarf sogar mehrfach aufgestockt werden können, indem die Versicherungsunternehmen festgelegte Summen einzahlen würden. Aktuell ist von rund 5,5 Milliarden Euro die Rede, und ‚Protektor' würde dann die Verträge weiter fortführen. Das ist Sicherheit der besten Art und beweist, wie sicher und kundenorientiert vonseiten der Versicherer mit den anvertrauten Kundengeldern gewirtschaftet wird" (Eichler 2008, S. 50).

Erinnern Sie sich übrigens noch an das Jahr 2004? Es war die letzte Gelegenheit, um in Deutschland eine steuerfreie Renten- bzw. Lebensversicherung zu bekommen, und fast jeder wollte sich noch schnell darum kümmern. Steuerfreie Altersvorsorge! War das nicht schön? Und jetzt, sechs Jahre später, wollen seriöse *„Finanzberater"* Mandanten empfehlen, solche Verträge aufzulösen, um stattdessen ein angeblich sicheres Produkt abzuschließen. *„Es gibt hier ja 18 % Rendite und mehr! Natürlich nicht garantiert, aber der Fonds macht das. Der investiert in Bananenladungen aus Südafrika, da kann nichts schiefgehen!"* Aber glauben Sie mir eins: Sie haben mit Sicherheit keine 18 % Rendite bei solchen Verträgen!

Neben den klassischen Rentenversicherungen gibt es aber auch die fondsgebundenen Rentenversicherungen, die teilweise auch Garantien beziehungsweise zusätzlichen Versicherungsschutz bieten wie z. B. Todesfallabsicherung, Beitragsbefreiung bei Berufsunfähigkeit, Berufsunfähigkeitsrenten und viele andere Absicherungen. Eine optimal abgestimmte Vorsorgestrategie speziell bei Menschen, die noch viel Zeit bis zur Fälligkeit haben, gehören fondsgebundene Rentenversicherungen schon fast zwingend mit ins Portfolio – allein schon für den Renditekick. Und mit den richtig ausgewählten Aktienfonds (aber Vorsicht! Genau hier passieren oft erhebliche Fehler bei der Auswahl!) dürfte nicht allzu viel schief gehen! Die Rendite bei einer fondsgebundenen Rentenversicherung kann bei entsprechend langer Laufzeit in der Praxis extrem hoch ausfallen, man muss sich aber auch der Risiken bewusst sein, die Kursrutsche mit sich bringen. Aber selbst hierfür gibt es mittlerweile Wertsicherungsfonds, und bei einem breit gestreuten Mix reduziert sich das Risiko ebenso (s. Kapitel *„Optimale Depot- und Vorsorgestruktur"*).

3.7.2 Fondsgebundene Rentenversicherungen

„Mit Zinseszins geht's meinem Geld wie mir. Es bekommt Kinder, Enkel, Urenkel, Ururenkel ..." (Schild 2008, S. 17)

Wir wollen nun von einem Produkt sprechen, dessen Rendite über der einer klassischen Lebensversicherung liegt, das aber trotzdem noch gewisse Garantiestufen beziehungsweise Werterhaltungsmechanismen, Versicherungsschutz und Beitragsrückerstattung bei einem Todesfall beinhaltet: den fondsgebundenen Rentenversicherungen. Es gibt auch hier reine *„Chancen-Tarife"*, bei denen das verfügbare Guthaben am Ende rein von der Wertentwicklung der enthaltenen Investmentfonds abhängig ist. Trotzdem ist auch in diesem Fall noch Risikoabsicherung enthalten. Formen von fondsgebundenen Rentenversicherungen sind vor allem:

- fondsgebundene Rentenversicherungen
- fondsgebundene Riester- und Rürup-Renten
- fondsgebundene betriebliche Altersvorsorge
- fondsgebundene Berufsunfähigkeitsabsicherung
- fondsgebundene Hybridprodukte

Wer sich nun dem Thema Aktien und Investmentfonds nicht aus innerer Abneigung heraus ganz verschließen will (schuld daran sind meistens schlechte Erfahrungen, beispielsweise mit der Telekomaktie!), sollte allerdings einige grundlegende Dinge beachten. Zuallererst sollten Sie beim Kauf in Ihr Aktiendepot darauf achten, dass Ihr *„Berater"* Ihnen nicht wieder einen Fonds verkaufen muss, der kurz vor dem

Kursrutsch noch auf dem Wühltisch viel zu teuer verkauft wird. Und bitte vergewissern Sie sich, dass Ihr vermeintlicher Anlageberater am Schalter nicht im zweiten Lehrjahr ist und bis gestern nur Überweisungsträger eintippen durfte. Übrigens gaben bei einer Umfrage des Forschungsinstitut forsa nur noch 25 % der befragten Verbraucher an, den Rat ihrer Bank zu suchen, wenn es um die persönliche Finanzplanung geht. Das ist ein absoluter Tiefstwert und verdeutlicht die Beratungsqualität der Banken. (vgl.: http://www.forium.de/redaktion/forsa-umfrage-vertrauen-in-banken-dahin/)

GUTE BANKEN SCHLECHTE BANKEN Deutschland ist mit rund 2.700 Kreditinstituten auch vollkommen *„overbanked"*. In Italien beispielsweise kommt auf 3.500 Personen eine Bankstelle, bei uns auf 1.400 Personen. Der daraus resultierende Konkurrenzkampf der Banken und Kreditinstitute führt leider oft zu einem Wettbewerb, unter dem die Beratungsqualität leidet. Neben Banken gibt es in Deutschland auch zahlreiche Vertriebsorganisationen, die Finanzprodukte anbieten (*„anbieten"*, denn *„beraten"* wäre der falsche Ausdruck). Viele Berater sind aber abhängig: So müssen Banker ihren Jahresplan erfüllen und können dadurch teilweise Gefahr laufen, nicht mehr nur bedarfsgerecht zu beraten. Deshalb sollten Sie bei der Auswahl und Zusammensetzung Ihres Vorsorgeportfolios Ihrem Finanzberater voll und ganz vertrauen können.

a) Optimale Depot- und Vorsorgestruktur

Um eine optimale Vorsorgestruktur zu erreichen, müssen zuallererst Sie die Karten auf den Tisch legen, denn ein Vermögensarchitekt kann Sie nicht hundertprozentig vernünftig beraten, wenn er Ihre bereits vorhandenen Vermögenswerte im Kapitalanlagebereich nicht kennt. Daher sollten Sie Ihre persönliche Vermögensbilanz erstellen (lassen), sprich alle Geld- und Sachwerte erfassen (Bargeld, Konten, Lebensversicherungen, Aktien, Immobilien) und sich dann Gedanken über Ihre kurz-, mittel- und langfristige Ausrichtung machen.

„100 minus Ihr Alter = Risikoanteil im Portfolio" Nehmen wir hierzu Sabine Pech, sie ist im zarten Alter von 35, laut der Formel könnte Sie also 65 % Risiko eingehen,

sprich: 35 % ihres Vermögens sollte sie sicher anlegen (klassische Lebensversicherung, geschlossener Immobilienfonds etc.) und 65% könnte sie spekulativ investieren.

Eine optimale Vorsorgestruktur mit vorwiegend langfristiger Ausrichtung besteht im Idealfall aus einem sehr breiten Mix aus Investmentfonds, die in unterschiedliche Anlageklassen unterteilt sind. Wichtig hierbei ist, dass Sie versuchen sollten, in unterschiedliche Regionen (z. B. Deutschland, Europa, Amerika, Emerging Markets, weltweite Anlagen etc.), Branchen (z. B. Rohstoffe, Gold, Finanzdienstleister, Telekommunikation, Tabakherstellung, Standardwerte), Formen der Investmentfonds (z. B. Geldmarkt-, Renten-, Dach-, Misch-, Wertsicherungs- und reine Aktienfonds) und unterschiedliche fondsgebundene Produkte (z. B. Riester, Rürup, betriebliche Altersvorsorge, private Rentenversicherungen) investieren.

Bevor Sie sich allerdings nun gleich auf fondsgebundene Rentenprodukte stürzen, ist empfehlenswert, bei der ersten Vorsorge für die Rente durchaus eine klassische Form vorzuziehen, da Sie hier immer feste Garantien haben. Zur fondsgebundenen Vorsorge kann man generell sagen: Je breiter ein Wertpapier-Portfolio diversifiziert ist, desto geringer ist das Risiko eines Kursverlustes. Wenn Sie sich beispielsweise nach Herbst 2008 die einzelnen Investmentfonds genauer angesehen haben, konnten Sie feststellen, dass es Investmentbereiche gab (z. B. Immobilienfonds, Wertsicherungsfonds), in denen die Kursverluste gar nicht oder teilweise nur gering, in anderen Bereichen (z. B. Osteuropa, Emerging Markets) dagegen wesentlich stärker ausgeprägt waren.

Bei einer Investition in die reale Wirtschaft, sprich dem Kauf einer Aktie oder mehrerer Aktien (=Aktienfonds) wird sich Ihr Verlauf oft relativ nahe an den realen Wirtschaftsereignissen orientieren, teilweise nur zeitlich verzögert. Deshalb sollte man auch hier seinem Bauch vertrauen und sich die richtigen Papiere sichern, wenn man von gewissen Bereichen und deren positiver Entwicklung überzeugt ist. Klimawandel, veraltete Wasserversorgungssysteme in den Großstädten weltweit, der Abbau von Rohstoffen oder die Tatsache, dass beispielsweise China wirtschaftlich ununterbrochen weiter wachsen wird, sollte Anleger dazu treiben, eben solche Investments zu kaufen. Eine Garantie gibt es allerdings nicht! Eine Regel sollte aber über den gesamten Rentenmix gelten, denn nicht umsonst besagt eine Faustregel, dass sich die sinnvolle Aktienquote eines Anlegers aus der Formel *„100 minus Alter"* errechnet. Sind Sie heute 25 Jahre alt, sollten Sie eben rund 75% renditeorientierte Papiere besitzen und 25% in krisenfesten Anlagen investieren.

Das magische Viereck der Kapitalanlagen

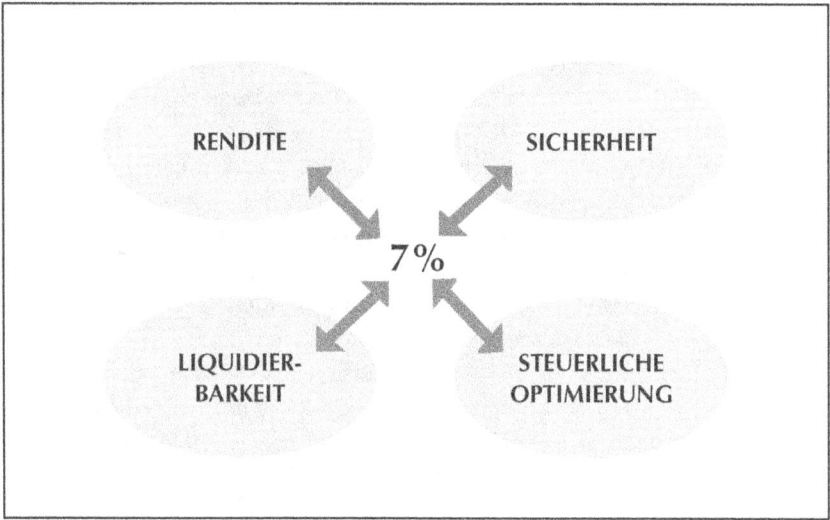

„Die 4 Hauptziele im Bereich Kapitalanlagen stehen in Beziehung zueinander, aber sich leider auch manchmal im Weg. Finden Sie heraus, welche Ziele Ihnen besonders wichtig sind, und planen Sie anhand dessen Ihre Vermögensstruktur. Die steuerliche Optimierung nimmt immer mehr an Bedeutung zu, deswegen sollten Sie dies immer mit einem Fachberater besprechen."

b) Was ist eigentlich eine Aktie?

„Kaufe nie eine Aktie, wenn du nicht damit leben kannst, dass sich der Kurs halbiert" (Warren Buffett).

Wahre Worte! Doch fangen wir einmal ganz von vorne an. Manch einer stellt sich vielleicht die Frage: *„Aktien, schön und gut, aber was ist das eigentlich, eine Aktie?"* Wie funktioniert das Prinzip, das dahinter steht? Laut Definition stellt eine Aktie nach dem deutschen Aktiengesetz (AktG):

- ein Bruchteil des Grundkapitals dar (§§ 1 Abs. 2, 29 AktG)
- einen Inbegriff der Rechte und Pflichten derjenigen dar, welche ihre Einlagen auf die Aktien geleistet haben (Aktionär)
- ein Wertpapier dar, welches den Anteil an einer Gesellschaft bestätigt

In Deutschland werden die Gesellschaften, die ihr Grundkapital in Aktien zerlegen und diesen Anteil verbriefen, als Aktiengesellschaft (AG) oder Kommanditgesellschaft auf Aktien (KGaA) bezeichnet. Bei der Gründung einer AG wird festgelegt, in wie viele Aktien das Grundkapital aufgeteilt wird. Die Ausgabe von Aktien bezeichnet man als Emission, die sogenannte *„Aktienemission"*. Das Unternehmen, das die Aktien ausgibt, wird im Emissionsverfahren auch *„Emittent"* genannt. Nachdem die Papiere (Aktien) geschaffen wurden, müssen diese dann über Investmentbanken und im erweiterten Sinne im Vertrieb von Investmentfonds platziert werden, ebenso wie in fondsgebundenen Rentenversicherungen. Die Schaffung neuer Aktien ist allerdings nur zu den folgenden vier Zeitpunkten möglich:

- bei der Neugründung einer Aktiengesellschaft
- bei der Umwandlung einer Gesellschaft anderer Rechtsform in eine AG
- bei der Ausgabe junger Aktien im Rahmen einer Kapitalerhöhung
- beim Aktiensplit, wobei der der Aktionär beispielsweise für eine alte Aktie zwei neue erhält

Der Anteil einer Aktie am Unternehmen kann in Form von Nennwert- oder Stückaktien verbrieft sein. Bei Nennwertaktien entspricht der Nennwert der Aktie dem Anteil am Grundkapital einer Gesellschaft. Dies ist wichtig, da das Grundkapital

beispielsweise aus 100.000 Euro bestehen, jedoch in 1.000 Aktien à 50 Euro und 50 Aktien à 1.000 Euro eingeteilt sein kann. Das Unternehmen kann nun die Aktionäre über Dividende am Gewinn des Unternehmens beteiligen. Die Dividende ist eine pro Aktie geleistete Zahlung an die Besitzer der Aktien. Die Höhe der Dividende wird vom Vorstand vorgeschlagen und von der Hauptversammlung des Unternehmens beschlossen. Die Aktie der Münchener Rück schüttete beispielsweise im April 2009 5,50 € pro Aktie aus – bei einem Aktienkurs (also dem Preis beim Kauf der Aktie) von 93,40 € (Stand: 1. April 2009).

„An der Börse sind 2 mal 2 niemals 4, sondern 5 minus 1. Man muss nur die Nerven haben, das minus 1 auszuhalten." (André Kostolany)

Als Anlageprodukt sind Aktien aber nicht nur wegen der Dividende interessant. Renditechancen bieten auch Kurssteigerungen der Aktie.

Allerdings muss man auch erwähnen, dass ein Investment in Aktien grundsätzlich mit dem Risiko des Totalverlustes des eingesetzten Kapitals behaftet ist, denn eine Firma kann natürlich auch pleite gehen. (Dieses Risiko ist aber bei vielen Firmen relativ gering und lässt sich bei einem breit diversifiziertem Depot fast gänzlich ausschalten.)

Der Name Wertpapier stammt übrigens daher, dass Aktien früher als effektive Stücke ausgegeben wurden, d. h. als Urkunde, auf der beispielsweise Nominalwert oder Stückzahl angegeben waren. *„Blue Chip"* ist übrigens die Bezeichnung für Aktien höchster Qualität, also Aktien von großen, bekannten und populären Gesellschaften mit guter Bonität.

Kauft ein Aktionär nun Aktien, besitzt er unter anderem auch folgende Rechte:

- Recht auf Anteil am Bilanzgewinn
- Recht auf Anteil am Liquidationserlös
- Teilnahme an der Hauptversammlung
- Rederecht auf der Hauptversammlung

- Stimmrecht in der Hauptversammlung, beispielsweise in Fragen der Gewinnverwendung
- Auskunft durch den Vorstand
- Recht auf Anfechtung von Beschlüssen der Hauptversammlung
- Recht auf Bezug junger Aktien (Bezugsrecht)

Entscheidende Kennziffer im Bereich *„Aktien"* ist in Deutschland der „DAX". Der Dax ist kein Tier sondern die Kurzform von *„Deutscher Aktienindex"*. Er stellt eine Kennziffer dar, die über die Entwicklung und den Stand der Aktienkurse der 30 größten und umsatzstärksten deutschen Unternehmen an der Frankfurter Wertpapierbörse Auskunft gibt. In die Berechnung des Dax fließen neben den Kursen auch die meist jährlich erfolgenden Dividendenzahlungen ein (deshalb wird er auch Performanceindex genannt). Er ist damit der bedeutendste deutsche Index.

b) Ausgewählte Investmentfonds

„Hätten die Vorfahren eines Anlegers im Jahr 1802 am amerikanischen Markt nur 100 Dollar in Aktien gesteckt und alle Dividenden dann wieder investiert, hätte ihr Nachkomme heute nicht weniger als 747 Millionen Dollar im Depot" (Eichler 2009, S. 6). Soweit zu dieser These. Aktien können aber nicht immer nur gewinnversprechend sein, sondern bergen auch gewisse Risiken. Denn sonst hätten heute schon viele Anleger den großen Gewinn gemacht. Wenn Sie das vorige Kapitel gelesen haben, wissen Sie, wie eine Aktie genau funktioniert. Aber wissen Sie denn, wo der Unterschied zwischen *„Assed Backed Securities"* und *„Credit Default Swaps"* oder zwischen Index-Zertifikaten, Basket-, Tracker-, REIT-Zertifikaten sowie Exchange Traded Commodities und Discount-Zertifikaten liegt? Gewinnschuldverschreibungen, Optionsanleihen, Wandelanleihen oder Optionsscheine ohne Anleihe sind weitere Möglichkeiten, Kapital anzulegen.

Genau aus diesem Grund stellt sich nun die Frage, wie man im Dschungel der verschiedenen Investments Durchblick behalten kann. Viele Sparer haben zudem noch Respekt vor Aktien, Fonds und Optionen, denn Sie denken dabei meist nur an Wertpapiere, welche von professionellen Brokern an der Börse nach Regeln gehandelt werden, welche der Laie nicht versteht. Es ist allerdings zu überlegen, ob man sich nicht doch mit der Materie beschäftigen sollte. Es kann natürlich sein, dass Sie sich über das Thema Investmentfonds informieren und in Ihrer bisherigen Meinung bestätigt werden, dass so etwas für Sie nicht die geeignete Anlageform ist. Aber wenn Sie sich damit beschäftigen, haben Sie auch die Möglichkeit, Ihren eigenen Verstand zur Entscheidung über Anlagen in Investmentfonds zu benutzen. Im internationalen Vergleich steht Deutschland hier zwar noch im bescheidenen Mittelfeld, hat aber in den vergangenen Jahren stark aufgeholt.

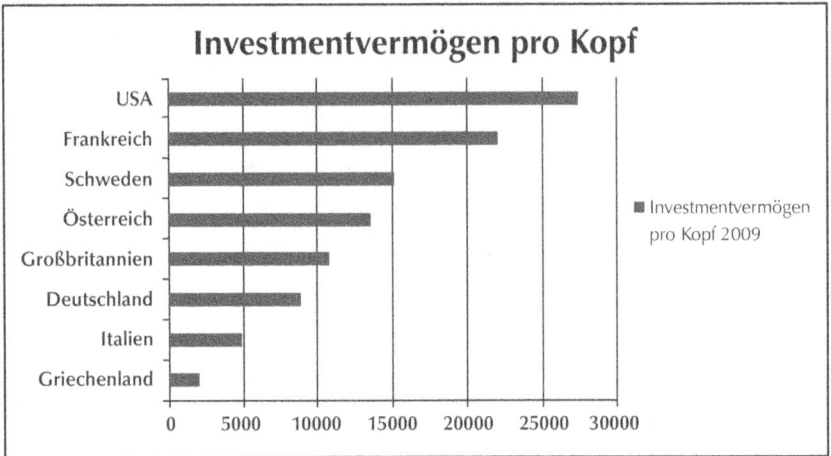

Investmentvermögen pro Kopf

Investmentvermögen pro Kopf 2009

	0	5000	10000	15000	20000	25000	30000
USA							
Frankreich							
Schweden							
Österreich							
Großbritannien							
Deutschland							
Italien							
Griechenland							

Es ist nun auch für Laien an der Zeit umzudenken, denn jeder sollte sich mit dem Prinzip *„Börse"* beschäftigen und verstehen, woher Verluste und Gewinne kommen und warum die Gewinner mehr gewinnen, als die Verlierer verlieren!

Einer der dieses Spiel zwischen Bullen- und Bärenmarkt perfekt verstanden hat, ist der berühmte Börsenmogul Warren Buffett. In einer gewissen Art und Weise steuerte er die Geschicke der Börse selbst mit, indem er sich mit fünf Milliarden Dollar bei der maroden Bank Goldman Sachs einkaufte. Buffett investierte 2008, dem Jahr der internationalen Kursrutsche, ca. 25 Milliarden Dollar in Unternehmen wie Wrigley, General Electric, Schweizer Rückversicherung und löste seine Staatsanleihen fast vollständig auf, um mit dem Geld Aktien zu kaufen. Fast so, als hätte er Angst, dass Staatsanleihen bald nichts mehr wert sind. Und er behielt damit recht. Aber was macht Warren Buffet eigentlich so erfolgreich? Antizyklisches Verhalten! Sein Motto: *„Sei ängstlich, wenn andere gierig sind, und sei gierig, wenn andere ängstlich* *sind."* Dieses Motto bescherte seiner Investmentfirma *"Berkshire Hathaway"* seit 1962 jährliche Zuwächse von rund 24 %. Pro Jahr!

Eine Aktie ist aber nicht einfach nur ein Wertpapier. Vielmehr steht dieses Papier für eine reale Beteiligung an einem uns bekannten Unternehmen. Sie kaufen sich sozusagen mit Ihrer Aktie in das Unternehmen *"A"* ein. *"'Der Aktionär partizipiert am Produktivkapital, das organisch und durch Zukäufe wächst, echte Werte schafft und regelmäßig Dividenden ausschüttet', erklärt Fondsmanager Winfried Walter von Albrech & Cie. ,Über lange Zeiträume sind Erträge von 10 Prozent jährlich realistisch'"* (Evensen 2009, S. 20). Andere Anlagenformen schaffen dies nicht. Walter verweist zum Beispiel auch auf Firmen wie BASF, welche es in der Vergangenheit immer wieder fertigbrachten, ihre Firmenstruktur bei Marktveränderungen flexibel zu verändern, und davon gibt es weltweit einige.

Wenn wir uns nun mit dem Thema Aktien beschäftigen, müssen wir uns auch das Kapitel Aktienfonds ansehen. Denn mit Aktienfonds streue ich das Risiko meiner Anlage enorm, da ein Aktienfonds weit mehr als nur eine Aktie beinhaltet und durch diese breite Streuung durchaus auch einzelne Verluste verkraftet werden können. Investiere ich nämlich bei mehreren Fondsgesellschaften in verschiedene Regionen (Europa, Schwellenländer, China, Amerika etc.) und in unterschiedliche Branchen (Energie, Klimatechnologien, Biotech, IT, Tabak, Produktion, Telekommunikation etc.) leidet meine Rendite nicht, wenn es in einer Region oder Branche mal nicht so läuft.

"Kaufen Sie Aktien, nehmen Sie Schlaftabletten und schauen Sie die Papiere nicht mehr an. Nach vielen Jahren werden Sie sehen: Sie sind reich."
(André Kostolany)

Ob diese Weisheit für die Zukunft gilt, bleibt fraglich. Fest steht nur, dass sich die bisherigen Börsenregeln nach der aktuellen Weltwirtschaftskrise in manchen Bereichen verändern werden. Und noch eines ist sicher: die Frage nach dem *"Wie"* wird somit an Bedeutung gewinnen.

"Wie wird mein Geld angelegt?" Diese Frage werden auch immer mehr Kleinanleger stellen, da die Möglichkeiten der Kapitalanlage sich ausbreiten. Früher musste man dem trauen, was einem Banker oder sonstige Experten erzählten. Heute können Kleinanleger auch schon eigenständige Entscheidungen über die zukünftige

Tragfähigkeit eines Investments treffen. Einleuchtende Erkenntnisse, die man mit aktuellen wirtschaftlichen Ereignissen verknüpfen kann, zeigen einem Anleger den Weg. So ist die Tatsache, dass die Länder weltweit gezwungen sind, weniger CO_2 auszustoßen, und dass die Politik bemüht ist, nachhaltiger zu handeln, dass die Umwelt geschont werden soll und erneuerbare Energien die Versorgung sicherstellen sollen, doch ein Zeichen dafür, dass Firmen aus solchen Bereichen eine goldene Zukunft vor sich haben. Ein Kleinanleger kann beispielsweise auch schon in Waldstücke in Kanada investieren und dort eine kräftige Rendite erzielen. Er sollte mit kleineren Beträgen heute schon in sogenannte *„grüne Investments"* einsteigen und seine Rendite mit einem guten Gewissen erzielen. Hier werden über Ausschlusskriterien, Positivfaktoren und Bewertungssysteme gewisse Investments bevorzugt und andere wie beispielsweise Prostitution, Tabak, Waffenproduktion und Ähnliches je nach Struktur des Investments ausgeschlossen. Es gibt für fast jeden Bereich schon eigene Kapitalanlagemöglichkeiten. Aber auch hier ist wiederum die Streuung entscheidend.

Nach einer Finanzkrise Investmentfonds zu finden, von denen man eine langfristige überdurchschnittliche Rendite erwarten kann, ist relativ schwierig, denn Sie dürfen eins nie vergessen: Nicht ein bunter Folder bestimmt, ob ein Investment gut laufen wird oder nicht, sondern immer nur das Management. Aber vor allem die individuelle Beratung im Vorfeld steht für eine sichere Durchschnittsrendite.

Trotzdem möchte ich Ihnen eine Liste von Investmentfonds an die Hand geben, die aufgrund verschiedenster Top-Rankings und Bewertungen von Morningstar Rating, Standard & Poors, Stiftung Warentest/Finanztest, Focus Money und anderen zu den erfolgreicheren zählen. Die Liste erhebt allerdings keinen Anspruch auf Vollständigkeit, da alleine in Deutschland weit über 10.000 Investmentfonds vertrieben werden.

Investmentfonds mit dem Themenschwerpunkt Europa/Deutschland:

- cominvest Fondak P
- DWS Investa
- Fidelity European Aggressive
- Fidelity European Growth Fund
- MEAG EuroInvest

Investmentfonds mit dem Themenschwerpunkt internationale Aktien:

- Carmignac Investissement
- DWS Vermögensbildungsfonds
- Lingohr Systematik LBB Invest
- Templeton Growth Fund

Investmentfonds mit Wertsicherungsmechanismen bzw. breiter Streuung:

- Carmignac Patrimoine
- DWS Flex Pension
- Fidelity Target Euro Fund 2020, 2025, 2030, 2035, 2040
- HSBC Trinkaus Top Invest
- MEAG Floor Euro Aktien
- MEAG ProZins

Besondere Investmentfonds (Ökologie, Immobilien, Schwellenländer, BRIC):

- Allianz-DIT Rohstofffonds
- Baring Hong Kong China Fund
- Black Rock World Mining Fund
- DWS Top 50 Asien
- Fidelity South East Asia
- HSBC GIF Chinese Equity (USD)
- HSBC GIF Indian Equity (USD)
- MEAG Klima Strategie
- Pioneer Emerging Markets Fund Equity
- Pioneer Global Ecology
- Pioneer Investments Aktien Rohstoffe
- SEB ImmoInvest
- SAM Sustainable Water Fund

Wie sich allerdings zukünftig die Anlagestruktur ändern wird, ob Anleger vermehrt ökologisch sinnvolle und nachhaltige Investments nachfragen oder ob sich die Gier nach Rendite wieder durchsetzt, bleibt fraglich. Fest steht, dass *„grüne"* Investments von Jahr zu Jahr mehr angeboten werden und dass sich Firmen und Privatpersonen künftig darauf einstellen müssen, dass die Welt *„grüner"* wird. Firmen, die sich um erneuerbare Energien kümmern (etwa Photovoltaikanlagen bauen, Windparks betreuen) oder einfach nur ihre Firmenphilosophie ändern und entsprechende recyclingfähige Produkte auf den Markt bringen, werden wirtschaftlich weiter wachsen.

Andererseits habe ich auf meiner Reise 2008 durch die Volksrepublik China zum ersten Mal mit eigenen Augen gesehen, was es bedeutet, wenn ein ganzes Land im Aufschwung ist. Ein Land jenseits unserer Sprache, unserer Kultur, unserer Denk- und Arbeitsweise und unserer moralischen Vorstellungen, aber dennoch ist dieses riesige Land mit großen Schritten dabei, weltweit die absolute Nummer eins der Wirtschaftswelt zu werden. Ich war unter anderem in Peking, der Hauptstadt mit über 17 Millionen Einwohnern auf einer Fläche von rund 16.800 Quadratkilometern. Hier sieht man die Gründe für gestiegene Rohstoffpreise, steigende Konsumnachfrage und einen unglaublich rasanten Fortschritt hin zu einem westlichen Leben. China hat sich von *„Chimerika"* losgelöst, das beweist auch eine immer weiter steigende Wachstumsrate von fast 10 Prozent in den letzten 30 Jahren. Prof. Dr. Yifu Lin, designierter Chefökonom der Weltbank, geht sogar weiter und sagt: *„Chinas Wachstum wird weitere 30 Jahre anhalten"* (Yifu Lin 2008, S. 1). Laut eines Berichts von BBC Exklusiv („Globaler Markt – globaler Crash" Vox, 25.03.2009; 23.55 Uhr) ist eine Stadt im mittleren Westen Chinas gerade dabei, zur weltweiten Finanzmetropole aufzusteigen. Ob sie dies wird, bleibt abzuwarten, aber zumindest Chinas Finanzmetropole zu werden, dafür stehen die Chancen sehr gut. Diese Stadt, die hierzulande kaum jemand kennt, hat als eigenständige Verwaltungseinheit eine Fläche von mehr als 82.000 Quadratkilometern und weit mehr als die 32.000.000 Einwohner. Zum Vergleich dazu hat Bayern ca. 70.000 Quadratkilometer und über 12.000.000 Einwohner. China ist übrigens 27-mal so groß wie Deutschland. Verstehen Sie jetzt, wieso man in Länder wie China, Indien, Brasilien etc. investieren sollte? Denn in vielen anderen Ländern ist immer noch ein ebenso beachtliches Wachstum zu beobachten.

Fest steht: Es gibt immer wieder lohnende Investments. Vertrauen Sie hier auch ein wenig Ihrem Bauch, denn so verkehrt kann der nicht liegen. Man wird allerdings nie im Voraus wissen, was sich lohnt und was nicht. Dann wäre ja der Reiz weg, und das Spiel zwischen Bullen und Bären käme aus dem Gleichgewicht.

d) Bullen- und Bärenmarkt

An der Börse geht es regelmäßig tierisch zur Sache, denn dort kämpfen Bären und Bullen miteinander. Der Bulle und der Bär stehen seit langer Zeit an der Börse für die Höhen und Tiefen, die Ups & Downs. Doch woher kommt eigentlich die Bezeichnung, warum hat man sich dafür ausgerechnet diese beiden Tiere ausgesucht? Der Begriff Bullenmarkt steht an der Börse für anhaltend steigende Kurse und Bärenmarkt für anhaltend sinkende Kurse.

Die amerikanischen Ausdrücke *„bull & bear"* setzten sich in der zweiten Hälfte des 20. Jahrhunderts durch und werden auf Schaukämpfe zurückgeführt, die kalifornische Goldgräber zu ihrer Belustigung organisierten. Dabei wurde ein Bär an einen Pfahl gebunden und ein Stier auf ihn losgelassen. Entweder warf der Bulle den Bären mit seinen Hörnern hoch in die Luft. oder der Bär rang den Bullen nach unten. Die Börse unterscheidet daher auch heute noch zwischen Bären- und Bullenmarkt. Der Bär setzt auf einen erwarteten Kursabfall (er ist pessimistisch) und macht sein Geld durch Skepsis und Unglauben, spekuliert auf Tiefs oder kauft Verkaufsoptionen.

Der Bär haut halt mit seiner Tatze die Kurse nach unten, während der Bulle sie mit den Hörnern nach oben stößt.

Ein Bärenmarkt geht somit tendenziell bergab. Der Bulle ist das Gegenteil – er ist optimistisch. Er kauft in der Hoffnung auf Aufschwung. Aus diesem Grund ist ein langfristiger Bullenmarkt etwas, worauf die Investoren hoffen – mit Ausnahme von Bären, die sich dann zum Winterschlaf verkriechen. Bärenmarkt und Bullenmarkt sind einander entgegengesetzt. Zusammen bewirken sie, dass die Börsenwelt sich dreht und die Kurse fallen und steigen. Sowohl die Ups als auch die Downs können durch fundamentale ökonomische Umwälzungen, insbesondere die Konjunkturzyklen, als auch durch Spekulation bedingt sein. Ein übermäßiger Bullenmarkt kann durch übertriebene Ertragserwartungen zu einer Spekulationsblase führen. Auf der anderen Seite führt ein übertriebener Bärenmarkt mit fallenden Erwartungen der Anleger zu einem Börsenkrach.

Im Finanzmarkt spielen die Erwartungen der Anleger somit eine große Rolle, denn vor allem die Übergänge zwischen Hochs und Tiefs sind schwer zu interpretieren. Besondere Aufmerksamkeit sollte man aber immer auf positive oder negative

Überraschungen richten. Laut einem Bericht in BBC Exklusiv (s. oben: „Globaler Markt – globaler Crash" Vox, 25.03.2009; 23.55 Uhr) folgt das Verhalten der Börsianer wissenschaftlich gesehen wohl dem folgenden Prinzip: „*Wissenschaftliche Erklärungen für den Zusammenbruch gibt es viele. Eine besonders einleuchtende ist die Psychologie des Herdenverhaltens. Steigen die Kurse, nennt man dies Bullenmarkt. Dann erliegen auch die vernünftigsten Börsenmakler einer irrationalen Überschwänglichkeit. Doch ändert die Herde plötzlich ihren Kurs – und sei es nur wegen eines nichtigen Anlasses –, breitet sich Panik aus. Aus Euphorie wird Depression. Jetzt werden Käufer zu Verkäufern und der Bulle zum Bären. Der Markt ist ein Abbild der kollektiven Psyche, wenn also eine allgemeine Stimmung überwiegt, bricht in der ‚Herde' Panik aus."*

Der Bär ist bekanntlich nun immer so etwas wie der Pleitegeier der Aktienmärkte und die Bullen diejenigen, die bei steigenden Kursen das Sagen haben. Wenn ein Bär nach einem Gegner oder Opfer schlägt, haut er mit der Tatze von oben nach unten. Der Bulle stößt umgekehrt mit den Hörnern von unten nach oben. Auf die Aktienmärkte übertragen heißt das: Die Bären prügeln die Kurse nach unten, während die Bullen eine Aufwärtsbewegung befördern und den Wert der Aktien nach oben wuchten. (vgl.: http://www.faz.net/s/RubF3F7C1F630AE4F8D8326AC2A80BDBB-DE/Doc~EE4D2AF5616994F1AB24A7207E75DB9F1~ATpl~Ecommon~Scontent.html)
Während sich also Bären in Form von niedlichen Teddys in Kinderzimmern und noch bei größeren Kindern anhaltender Beliebtheit erfreuen, sind sie unter vielen Anlegern, die ihr Geld in Anteile an Unternehmen gesteckt haben, nicht gerne gesehen.

Ist der Bärenmarkt dann zusätzlich auch noch gekoppelt mit realen Ereignissen in der Finanzwirtschaft, so wie es 2008 der Fall war, dann haben wir eine Finanzkrise oder im schlimmsten Fall sogar eine Weltwirtschaftskrise. Deshalb sollte ein fallender Markt, in dem die Kurse sogar bis zu 50 % einbrechen, nicht unbedingt zum Ausstieg dienen, denn auch ein geplanter Einstieg in den Markt kann zum richtigen Verkaufszeitpunkt durchaus auch zu respektablen Gewinnen führen. Nach so vielen Informationen über die letzte große Finanzkrise stellt man sich vielleicht auch die Frage: „*Wie konnte es eigentlich zu so einer Krise kommen?"*

e) Finanzkrise – warum, weshalb, wieso?

„Stell dir vor, es ist Finanzkrise und keiner geht hin!"

Wissen Sie noch, wo Sie am 11. September 2001 waren, als Sie die Nachricht gesehen oder gehört haben, dass zwei Flugzeuge soeben das World Trade Center zum Einsturz gebracht haben? Ein Ereignis, das man so schnell nicht vergisst, oder? In der Zeit zwischen diesem Terroranschlag 2001 und dem darauf folgendem Einbruch der Finanzmärkte und der erneuten Finanzkrise 2009 ist an den internationalen Börsen sehr viel passiert. In der Volkswirtschaftslehre setzt man für einen Konjunkturzyklus von Rezession zu Rezession durchschnittlich 7 bis 8 Jahre an, und nach Adam Riese sind es vom 11. September 2001 bis zum März 2009, in dem die Europäische Zentralbank den Leitzins auf historische 1,5 % senkte, genau 7 ½ Jahre.

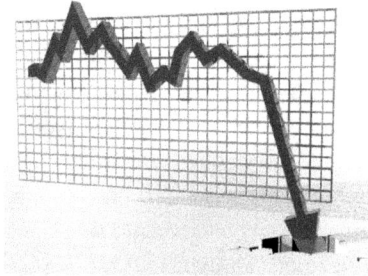

„Wir haben Gewinne privatisiert und Verluste sozialisiert."

Gewinner und Verlierer gab es reichlich. Aber nun wäre es doch interessant, herauszufinden, warum die Gewinner Rendite erwirtschafteten und weshalb die Verlierer verloren haben?

Entscheidend hierfür ist zunächst zu wissen, warum die Finanzkrise eigentlich begonnen hat. 2001 war es eine massive Verunsicherung durch einen unvorhergesehenen Terroranschlag, die Krise 2009 hingegen hatte andere Ursachen. Die *„Subprime-Krise"* in Amerika war eine der hauptsächlichen Ursachen. Menschen wie Alan Greenspan, der ehemalige Chef der US-Notenbank, oder Ex-Präsident Bill Clinton, die einst für Ihre Verdienste um eine florierende Wirtschaft und steigenden Wohlstand gefeiert wurden, sind im Nachhinein nämlich teilweise Verursacher der Krise. So forderte Bill Clinton einst, dass es im Prinzip jedem Amerikaner möglich sein müsse, ein Eigenheim zu erwerben. Somit wurden Milliarden Dollar an Krediten an Amerikaner vergeben, ohne zu prüfen, inwieweit diese zukünftig imstande wären,

der Finanzierung gerecht zu werden. Die Immobilienpreise und somit die Gegen-
werte sanken extrem, und die Amerikaner hatten Angst vor Jobverlusten, mussten
diese teilweise hinnehmen und zahlten plötzlich wesentlich höhere Raten als in der
Vergangenheit. Wie wir alle wissen, hatte das Platzen dieser aufgeblähten Immobilienblase auch in Europa starke negative Auswirkungen auf die Wirtschaft. Viele
sagen, dass dies völlig überraschend gekommen sei, doch ein Mann prophezeite
bereits 2006 auf einer Versammlung des Internationalen Währungsfonds (IWF), dass
genau dies eintreffen würde: Nouriel Roubini. Der 50-jährige Ökonomieprofessor
ist seitdem ein begehrter Mann und sagt für die kommenden Jahre noch schlimmere
Konsequenzen durch drohende Kreditausfälle in Höhe von 2 Billionen Dollar voraus. *„In einem Beitrag für die ‚Financial Times' prophezeit Roubini eine ‚Stagflation',
eine ‚tödliche Kombination aus Stagnation/Rezession und Deflation' mit steigender
Arbeitslosigkeit, Firmenpleiten und Privatinsolvenzen. (…)*

*‚Nichts ist unmöglich.' Der Slogan passt
perfekt zur Finanzkrise. Keiner rechnete
damit, dass innerhalb weniger Monate
die führenden US-Investmentbanken
gänzlich vom Markt verschwinden würden. Traditionshäuser wie Goldman
Sachs, Lehman Brothers oder JP Morgan
prägten viele Jahrzehnte das Gesicht der
Wall Street. (…) Und was machten die
deutschen Banken? Sie spielten munter
mit im globalen Casino und verzockten dabei Milliarden mit wertlosen Ramsch-
Hypotheken"* (Jacobs/Schömann-Finck/Schwane 2009, S. 17f). Dresdner Bank und
Postbank wurden bereits von der Commerzbank und der Deutschen Bank übernommen. Weitere Verstaatlichungen stehen bereits im Raum, und auch eine sogenannte *„Bad Bank"*, welche die faulen und wertlosen Papiere im Wert von 200–500
Milliarden Euro aufkaufen soll, um so die Bilanzen der Banken aufzupolieren. Und
heute geht es mit den deutschen Banken wieder weiter wie vorher, denn nichts ist
unmöglich.

Auf der anderen Seite aber machen Finanzmärkte riskante Projekte erst möglich,
machen Risiken handhabbar und sorgen so für Innovationen, Entwicklung und
Wohlstand. Auch spekulative Produkte wie Derivate sind kein Teufelszeug, sondern

geben der Wirtschaft zusätzliche Planungssicherheit. Es muss allerdings eine Voraussetzung erfüllt sein: Jeder Marktteilnehmer kann einigermaßen beurteilen, wie riskant ein Geschäft ist; er weiß also, worüber er verhandelt. Diese Voraussetzung haben die *„Bankmagier"* teilweise ausgehebelt. Sie behaupteten, es sei ihnen mit mathematischem Geschick gelungen, die Risiken zu eliminieren. Aus *„ 1 + 1 "* machten sie die Summe 5! Sie haben also lediglich den Durchblick verloren und sich ihre Ahnungslosigkeit in astronomischer Höhe honorieren lassen. Sie haben getrickst, bis die Millionen auf dem eigenen Konto klingelten. Das erweitert die Kreditkrise in den USA zu einer allgemeinen Glaubwürdigkeitskrise im globalen Finanzsystem.

Schauen wir uns einmal den Orkan im US-Finanzmarkt etwas detaillierter an. Es geschah an einem Sonntag: Zwei der führenden amerikanischen Investmentbanken verschwanden innerhalb weniger Stunden in der Versenkung. Die eine, Lehman Brothers, war die Nummer vier der Branche und sollte eigentlich über das besagte Wochenende gerettet werden. Doch alle Versuche scheiterten. Die andere, Merrill Lynch, war der nächstgrößere Konkurrent. Auf Drängen der US-Notenbank *„Fed"* fädelte Merrill-Chef John Thain einen verzweifelten Rettungsdeal ein. Nach harten Verhandlungen ließ er dann mitteilen, dass die drittgrößte US-Investmentbank von der Bank of America geschluckt wird – für 50 Milliarden US-Dollar.

Die Finanzbranche in Deutschland wird glimpflich davonkommen, vermuten die meisten Experten. Auch die hiesigen Banken mussten Milliardenverluste schultern. Die Anleger seien jedoch über verschiedene Einlagensicherungsfonds abgesichert, die von Privatbanken, öffentlich-rechtlichen Instituten und Genossenschaften getrennt voneinander installiert wurden. Im Vergleich zu Banken sind die Kundengelder bei privaten Lebens- und Rentenversicherungen noch sicherer. Der Garantiezins, der derzeit bei 2,25 % liegt, ist unantastbar. Denn: Hier regiert Sicherheit vor Gewinnmaximierung. Risiko hat im Anlageportfolio einer Versicherung nichts zu suchen. Aber diese Kriterien erfüllen nicht alle deutschen Versicherer. Konkret ist zu sagen: Kunden von Garantieprodukten und fondsgebundenen Produkten mit Garantie, sogenannten Hybridprodukten, erfahren eine Garantie ganz oder teilweise über eine konventionelle sichere Anlage. Wer langfristig denkt, der siegt. Daher gilt es auch für fondsgebundene Produkte, die ja direkt von einer positiven Entwicklung der Kapitalmärkte partizipieren, in Bezug auf die Langfristigkeit, dass sich die Märkte erholen und dann wieder erstarken.

Noch ein Wort zu noch jungen Rentenversicherungen: Sollten Sie eine Riester- oder Rürup-Rente besitzen, keine Angst! Durch die lange Laufzeit werden die negativen

Ausschläge an den Aktienmärkten keine nennenswerten Auswirkungen auf die Rendite haben. Denn hier bewahrheitet sich wiederum die altbekannte Formel:

Viel Zeit x Monatsbeiträge = Vermögen!

Die Flucht aus Aktien kann aber auch böse ins Auge gehen, wie folgende Zitate verdeutlichen sollen: „*Weltweit standen nach der Pleite der US-Investmentbank Lehman Brothers die Finanzmarkte vor dem GAU – dem größten anzunehmenden Unfall –, dem kompletten Systemabsturz. (…) Die Situation ist paradox. Wahrend sich die Banken selbst nahezu weltweit nicht mehr trauen, sollen die Anleger ihren Banken dieses Vertrauen schenken. In großen Zeitungsanzeigen erklären Banken und Sparkassen, dass ihre Einlagen hundert Prozent sicher seien. Das wurde den Käufern von Garantie-Zertifikaten auch gerne erklärt. Nach dem Ausfall des Emittenten Lehman Brothers hat sich dieses versteckte Risiko schlagartig offenbart. Sicherheit ist immer relativ.*

Dies verhält sich mit Bankeinlagen nicht anders. Beachten Sie hierbei: Ihr Sparbuch, Festgeld oder Anleihe bei einer Bank sind nichts anderes als Kredite, die Sie vergeben und dafür Zinsen erhalten. Die Anleger mussten auch diese Lektion bei der Pleite der isländischen Kaupthing-Bank – die noch wenige Wochen vorher sämtliche Vergleichstests beim Tagesgeld gewann – bitter lernen.

Der Wert unseres Geldes basiert heute zum größten Teil auf dem Vertrauen in die Solidität der Staatsfinanzen und dem Gegenwert (der Kaufkraft) des Geldes. Spielen wir nun das Szenario dieser tatsächlichen Inanspruchnahme der gegebenen Garantien im Falle der Insolvenz einer oder mehrerer großer deutscher Finanzinstitute durch: Im ersten Schritt entstünde durch den Ausfall und die Insolvenz eines Kreditinstitutes ein Verlust der Einlagen für die Anleger, den der Staat ersetzen müsste. Übersteigt nun dieser Schaden die finanziellen Möglichkeiten des Staates, müsste sich dieser neue Mittel über Kredite (typischerweise durch die Ausgabe neuer Bundesanleihen) besorgen. Und das in einem Umfeld, in dem er eigentlich den Sparern (die dem Staat Geld leihen könnten) zu Hilfe kommen müsste. Wie soll das funktionieren? Die gesamten Steuereinnahmen der Bundesrepublik Deutschland für 2009 werden derzeit auf rund 250 Milliarden Euro geschätzt. Alleine die Deutsche Bank hat eine Bilanzsumme von über 2.000 Milliarden Euro. Noch Fragen?" (Grüner 2008, S. 6)

„Die Bilanzsumme der Deutschen Bank beträgt zwei Billionen Euro und ist damit siebenmal so groß wie der Bundeshaushalt und nur rund 400 Milliarden Euro „kleiner" als der Wert aller in Deutschland erstellten Waren und Dienstleistungen (Bruttoinlandsprodukt). Sie übersteigt auch das Eigenkapital der Bank um fast das 60-Fache. Das klassische Geschäft mit Krediten macht mit 253 Milliarden Euro nur knapp ein Achtel dieser Aktiva aus. Dagegen betrug der Wert der Finanzanlagen zum 30. September 2008 1,4 Billionen Euro. Der Großteil davon sind handelbare Wertpapiere. Müsste die Bank nur ein Prozent darauf abschreiben, entstünden 14 Milliarden Euro Verlust, das sind 40 % des Eigenkapitals" (Bieker & Voss 2009, S. 10). Wenn Sie nun an die letzten Monate und Jahre denken, um welche Prozentsätze große Finanzdienstleister Abschreibungen tätigen mussten, ist 1 % ein sehr sehr kleiner Wert. Wenn wir uns das Ausmaß dieses Chaos näher ansehen, kommt bei vielen – vor allem älteren Menschen – wieder die Angst vor einem Staatsbankrott zutage.

Eine massive Verwässerung des Geldwertes und ein damit verbundener erheblicher Verlust an Kaufkraft wäre die unmittelbare Folge dieser Entwicklung. Unsere Groß- und Urgroßeltern haben diese Erfahrungen eines „Staatsbankrotts" 1923 und 1948 bereits gemacht. Bereits heute wetten Spekulanten auf Staatspleiten über Kreditausfallswaps auf Staatsanleihen. Die Bankenkrise wird zur Staatskrise. Diese staatlichen Garantien sind nur eine Beruhigungspille für die Anleger. In einem allgemeinen Finanzchaos – das mit dem Zusammenbruch mehrerer Kreditinstitute verbunden wäre – müsste sich der Staat mehrere hundert Milliarden Euro (die er natürlich nicht hat) besorgen. Diese Größenordnung ist unmöglich! Echt sichere Hafen sind lediglich „reale" Dinge (…) wie der Besitz von Anteilen/Aktien an großen globalen Unternehmen. In einem „echten finanziellen Sturm", der auch eine Panik in Staatsanleihen zur Folge hätte und massiv ansteigende Zinsen und Hyperinflation mit sich bringen würde, sollten lediglich Sachwerte zu den relativen Gewinnern dieser Krise gehören. Dividendenstarke, solide und globale Unternehmen werden derzeit zu unglaublich günstigen Bewertungen gehandelt. Dies ist sicher keine Zeit, um diese Aktien zu verkaufen und in Bargeld („Aktien am Staat") zu flüchten. Ganz im Gegenteil!" (Grüner 2008, S. 6)

Genug der Schwarzmalerei! Das Gerede über die Finanzkrise hatten wir um 2002 herum genauso, und heute kann sich keiner mehr daran erinnern. Ebenso kam die Krise nicht unerwartet, Roubini war nicht der Einzige, der das Platzen der Immobilienblase frühzeitig voraussagte: Auch der Wormser Wirtschaftsprofessor Max Otte, der 2006 sein Buch „Der Crash kommt" veröffentlichte, warnte frühzeitig.

Eigentlich sind die Aussichten auch nicht ganz so trübe, denn wenn man sich die globale Verschiebung der Absatzmärkte ansieht, wird man zu einem Ergebnis kommen: Die heutigen G-7-Staaten werden ihre Anführerposition in der Zukunft mit den BRIC-Staaten (Russland, Brasilien, Indien und allen voran China) und den Next-11-Staaten (unter anderem Ägypten, Indonesien, Korea, Mexiko, Nigeria, Türkei, Vietnam) teilen müssen. In nicht allzu ferner Zukunft wird sich die Weltwirtschaft mit neuen Handelspartnern auseinandersetzen müssen, die Absatzmärkte werden sich weiter verschieben, und die Exporte kommen irgendwann aus Ländern, denen man nie zugetraut hätte, dass diese qualitativ hochwertig produzieren könnten. Glaubt man einigen Berichten, wird irgendwann China die Liste der höchsten Bruttoinlandsprodukte anführen.

Was aber bedeutet diese Verschiebung nun für die eigene Kapitalanlagestrategie? Natürlich muss man sich darauf einstellen und sich auch mit neuen Möglichkeiten der Kapitalanlage beschäftigen, ebenso mit neuen Branchen (Biotechnologie, erneuerbare Energien, Forschung etc.) und natürlich auch mit den Wachstumsländern mit dem derzeit stärksten Potenzial (China, Indien, Russland). Die Regierungen weltweit wollen nun über milliardenschwere Konjunkturprogramme den Konsum ankurbeln und dabei auch Gelder in längst überfällige Programme stecken, wie die Modernisierung von Schulen, Universitäten, Kindergärten, Infrastruktur und ein Breitband-Netz für schnelleres Internet, das ländliche Regionen mit einschließt. Aber auch der amerikanische Präsident Barack Obama kündigte in einer seiner Reden sinngemäß an „Wir werden den Grundstein für ein langfristiges Wirtschaftswachstum legen. Jetzt ist der Moment, eine Wirtschaft des 21. Jahrhunderts zu bauen, in der Verantwortung und harte Arbeit wieder zählen. Jetzt ist der Moment, die Wirtschaft neu auszurichten." Auf in ein neues Jahrhundert, getreu dem Motto – Sie erinnern sich – „Yes, we can!"

Denn in Zeiten wie diesen gibt es auch Unternehmen, die aus der Krise gestärkt hervorgehen, wie zum Beispiel der Münchener-Rück-Konzern mit seinem Erstversicherungskonzern „ERGO", zu dem Marken wie die DKV, DAS, Victoria und die Hamburg-Mannheimer gehören.

In ihrer Ausgabe vom 27.01.2009 berichtet die *„Frankfurter Allgemeine Zeitung"* vor dem Hintergrund der Finanz- und Wirtschaftskrise über die steigende Insolvenzgefahr auch von großen Unternehmen in Deutschland. Wie ernst die Lage nach Meinung der Fachjournalisten auch für *„die Prominenz der deutschen Wirtschaft"* geworden ist, drücken die hohen Prä-

Münchner Rück, München-Schwabing

mien für die Absicherung von Kreditrisiken aus. Gegenüber der Insolvenzgefahr in anderen Branchen wird die Gefahr für große deutsche Finanzkonzerne von den Wirtschaftsexperten als sehr gering angesehen. Die Absicherungskosten für Kreditrisiken liegen hier meist in der Größenordnung von einem Prozent der versicherten Summen oder darunter. In der FAZ-Tabelle erhält die Münchener Rück von allen beurteilten Wirtschaftsunternehmen den Bestwert (0,65 %). Sie liegt dabei fast gleichauf mit der Einschätzung für die Bundesrepublik Deutschland (0,55 %), die zu den sichersten Staaten weltweit gehört.

„Ist die Insolvenz eines Dax-Konzerns wie Daimler, BMW oder Thyssen-Krupp denkbar? Vor Beginn der Finanzkrise wäre die Antwort eindeutig gewesen: Unmöglich. Heute fällt die Antwort auf solche Fragen nicht mehr so einfach aus. Seitdem der Staat Banken vor dem Zusammenbruch retten muss, seitdem der Absatz in wichtigen Branchen um 20 oder 30 Prozent einbricht, drohen Dinge, die sich niemand gern vor Augen führt. Bei Infineon wird die Absicherung gegen eine Zahlungsstörung inzwischen so hoch gehandelt, dass die Störung von den Investoren als nahezu sicheres Ereignis behandelt wird. Für einen fünfjährigen Kontrakt, der eine Forderung über 10 Millionen Euro gegen Infineon absichert, müssen die Sicherungsnehmer bei einem Neuabschluss derzeit (Stand Januar 2009) knapp 4 Millionen Euro im Jahr überweisen. Dies liegt jenseits von Gut und Böse! Bei Finanzkonzernen wie der Commerzbank, der Deutschen Bank oder der Allianz, Münchener Rück und Hannover Rück: Die Absicherungskosten für erstrangige Forderungen liegen stets in der Größenordnung von einem Prozent der versicherten Summen oder darunter."
(Ruh 2009; S.19)

CDS-Spreads in Basispunkten vom 01.07.2008 bis 09.06.2009[1]

Quelle: Bloomberg [Stand 09.06.2009]

	103 BP
	89 BP

Swiss Re **242 BP**

Berkshire **234 BP**

AXA **124 BP**

Allianz **82 BP**

Hannover Re **60 BP**

Munich Re **46 BP**

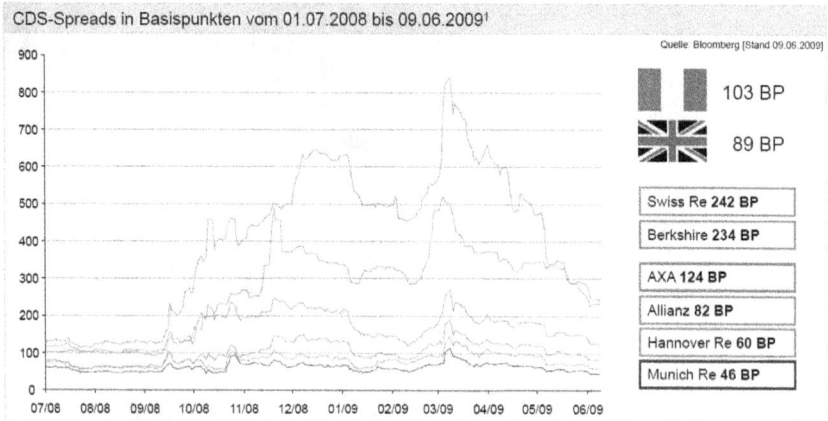

Wenn man nun allerdings positive Aspekte in dem ganzen Chaos sucht, bestärkt eine Umfrage des Deutschen Instituts für Altersvorsorge (DIA), dass die Finanzkrise das Bewusstsein der Menschen für Altersvorsorgeplanung fördert. Und das ist auch gut so, denn noch vor wenigen Jahren gab es viel zu viele Menschen, welche blauäugig mit dem Thema *„Vermögensbildung"* und gar *„Vermögensbildung fürs Alter"* umgingen.

„Bei der Einschätzung, welche finanziellen Bedingungen beim Eintritt ins Rentenalter gelten werden, werden die Deutschen zunehmend realistischer. Heute rechnen 72 % der Menschen damit, im Alter ihren Lebensstandard senken zu müssen, während im Jahr 2005 nur 37 % dieser Meinung waren (…). Vor allem die gesetzliche Rentenversicherung erfährt momentan einen Vertrauensverlust. Mehr Sorgen als vorher machen sich um die Gesetzliche Rentenversicherung 46 % der Befragten (…). Angesichts der demografischen Entwicklung sähen immer mehr Bürger ein, dass das ,System der gesetzlichen Rentenversicherung nicht zu retten' sein werde (…). Bei den Erwartungen der Menschen an den Lebensstandard im Alter hat sich nach Aussage von Karsten Schulte vom Kölner Marktforschungsinstitut YouGovPsychonomics ein ,dramatischer Bewusstseinswechsel' hin zu mehr Realismus vollzogen. 38 % der Befragten glauben, dass sie ihren Lebensstandard im Alter etwas senken müssen, und 34 %, dass sie ihn sogar deutlich senken müssen. Nur 5 % rechnen mit einem höheren Standard" (vgl.: Brüss 2008; www.versicherungsjournal.de).

Genau aus diesem Grund sollten wir die 5 % Ahnungslosen weglassen und uns mit der Frage beschäftigen, was tut unser lieber „Vater Staat", um die private Vorsorge attraktiver zu gestalten.

3.8 Staatliche Fördermöglichkeiten

* Riester-Rente
* Rürup-Rente
* Betriebliche Alterversorgung

Wenn Sie Schlagwörter lesen wie Riester-Rente, Rürup-Rente, Eichel-Rente, Pensionszusage, Unterstützungskasse, Pensionsfonds, Zeitwertkonten in der betrieblichen Altersvorsorge, offene und geschlossene Immobilienfonds, Emerging Markets, Discountzertifikate, Wertsicherungsfonds und, und, und ... behalten Sie dabei noch den Durchblick?

Den Durchblick zu behalten, fällt schon beim Thema staatliche Fördermöglichkeiten nicht mehr ganz so leicht. Es würde auch den Rahmen sprengen, detailliert zu erklären, für wen in welcher Situation welcher der drei Durchführungswege Riester, Rürup oder betriebliche Altervorsorge (BAV) der richtige ist. Im Folgenden sollen Sie allerdings einen kleinen Einblick erhalten, welche Merkmale für die einzelnen Produkte charakteristisch sind und wie das jeweilige Grundprinzip dahinter funktioniert.

Sehen wir uns nun einmal an, wie man noch mehr aus dem eigenen Geldbeutel machen kann. Dies funktioniert am besten, indem man die staatlichen Fördermöglichkeiten und steuerlichen Vorteile bestmöglich ausschöpft.

Während manche eher sorglos, unbekümmert oder auch desinformiert in die Zukunft blicken, glauben andere im Ernst noch daran, dass die staatliche Rente ihnen später ein ausreichendes Auskommen liefern wird. Während die einen wissen, was zu tun ist, denken die anderen leider nicht so weit und steuern geradewegs in die Altersarmut. Niemand handelt hierbei wissentlich fahrlässig. Einer der bekanntesten Versicherungsvertreter Deutschlands, Herr Kaiser, weist in seiner aktuellen Fernsehwerbung auf ein besonderes Problem hin: Frauen sind Deutschlands „Rentensorgekinder", unter anderem wegen zunehmender Scheidungsraten – das ist die traurige

Wahrheit. Denn Frauen haben in den vergangenen Jahrzehnten schlicht und einfach beim Thema Vorsorge zu wenig Beachtung gefunden. Denn besonders Frauen sind von einer drohenden Rentenlücke betroffen. Durch Geburten und dadurch bedingte Ausfallzeiten beim Sparen ist ihre Situation geradezu dramatisch. Erhalten sie doch im Durchschnitt nur halb so viel gesetzliche Rente wie die Männer! Die Altersarmut ist hier fast schon vorprogrammiert. Mittlerweile gibt es auch schon spezielle Produkte für Frauen, die sich den geänderten Lebensumständen besser anpassen. Aufgrund von beruflichen Pausen durch Schwangerschaften und Kindererziehung ist ihnen Flexibilität wichtig, ebenso die Möglichkeit, Beitragszahlungen auch aussetzen oder in der Höhe variieren und ihren veränderten Lebensumständen anpassen zu können. Neben den privaten Rentenversicherungen bieten aber hier auch die staatlich geförderten Alternativen Möglichkeiten.

3.8.1 Riester-Rente

„Irrtümer entspringen nicht allein daher, weil man gewisse Dinge nicht weiß, sondern weil man sich zu urteilen unternimmt, obgleich man doch nicht alles weiß, was dazu erfordert wird." (Immanuel Kant)

Riester-Rente. Staatliche Förderung. Konjunkturpakete.
Kräftige Finanzspritzen scheinen ja seit dem Beginn der Weltwirtschaftskrise 2008 durchaus in Mode gekommen zu sein. Es werden einige Milliarden Euro in Umlauf gebracht, um bestimmte Projekte zu fördern. Aber auch wir Otto Normalverbraucher können kräftige Finanzspritzen in Anspruch nehmen, die aus Ihrem Altersvorsorgekonto wesentlich mehr machen, als wenn Sie ganz alleine sparen.
Hier wurden im Laufe der Zeit drei wesentliche Innovationen eingeführt, die durch Steuervorteile und Zulagen eine höhere Rente erwirtschaften als vergleichbare Anlagen: Riester-Rente, Rürup-Rente und Eichel-Rente .

Wie viele Schlagzeilen gingen seit der Einführung der Riester-Rente durch die Medien, egal ob Fernsehen, Internet oder Tagespresse. Auch Mundpropaganda wie *„Ich hab da aber mal gehört, dass ... "*. Vergessen Sie jetzt bitte einfach alles! Das meiste davon ist Halbwissen oder schlichtweg falsch! In diesem Kapitel möchte ich nun endgültig Schluss machen mit solchen *„Erkenntnissen"*.

Zuallererst stellt sich die Frage: Wer darf denn überhaupt „*riestern*"? Und woher kommt eigentlich dieser Name?

Die Riester-Rente wurde nach dem früheren (von 1998 bis 2002) Bundesminister für Arbeit und Sozialordnung Walter Riester benannt und soll helfen, die dramatischen Einschnitte in der gesetzlichen Rentenversicherung auszugleichen (vgl.: http://www.walterriester.de/lebenslauf.shtml).

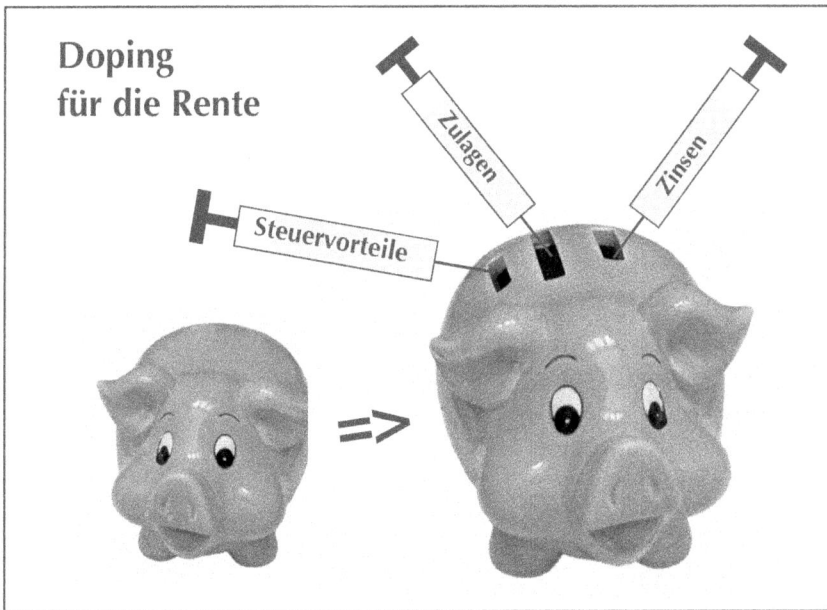

Doping für die Rente

Zulagen

Zinsen

Steuervorteile

=>

Sie ist vor allem dazu gedacht, Familien und Bezieher geringer Einkommen beim Aufbau ihrer privaten kapitalgedeckten Altersversorgung zu unterstützen. Durch zusätzliche Steuervorteile bietet sie aber auch anderen Personengruppen eine lukrative Vorsorgemöglichkeit. Der 1. Januar 2002 war Stichtag für das Inkrafttreten einer Rentenreform, die erste Weichen für eine Neuausrichtung unseres Alterssicherungssystems stellte, indem der Staat auf die immer weiter steigende Lebenserwartung der Deutschen und die gleichzeitig sinkende Geburtenrate reagiert hat. Die Lage ist nämlich folgende: Immer weniger Erwerbstätige müssen immer mehr Ruheständler ernähren.

Mit diesen Reformen wurde die Bedeutung der privaten Altersvorsorge erstmals klar herausgestellt. Die Einführung der Riester-Rente hat der Alterssicherung zu einem breiteren Fundament verholfen und den Weg für mehr Eigenverantwortung frei gemacht. Mit dem Alterseinkünftegesetz, das 2005 in Kraft trat, wurde die Riester-Rente auch in ihren Rahmenbedingungen grundlegend vereinfacht.

Es gibt drei Arten von Zulagenberechtigten, die unmittelbar, die mittelbar und die überhaupt nicht Zulagenberechtigten. In den Genuss der staatlichen Riester-Förderung kommen vor allem folgende Personengruppen, wobei auch hier Ausnahmefälle die Regel bestätigen:

- in der gesetzlichen Rentenversicherung Pflichtversicherte; dazu gehören Arbeitnehmer und Auszubildende sowie pflichtversicherte Selbstständige
- Beamte und Empfänger von Amtsbezügen
- Wehr- und Zivildienstleistende
- Mütter und Väter während ihrer Kindererziehungszeit innerhalb von 36 Kalendermonaten nach der Geburt
- Bezieher von voller Erwerbsminderungsrente sowie dienstunfähig geschriebene Beamte mit entsprechenden Versorgungsbezügen
- Empfänger von Arbeitslosengeld oder Arbeitslosengeld II, auch dann, wenn der Anspruch auf Arbeitslosengeld wegen zu hohen Vermögens oder Einkommens ruht
- Empfänger von Vorruhestandsgeld sowie Kranken-, Verletzten- und Versorgungskrankengeld oder Übergangsgeld
- nicht erwerbsmäßig tätige Pflegepersonen
- geringfügig Beschäftigte, die auf die Versicherungsfreiheit verzichtet haben

Nicht förderberechtigt sind übrigens folgende Personengruppen:

- freiwillig Versicherte und nicht versicherungspflichtige Selbstständige
- Pflichtversicherte der berufsständischen Versorgungswerke
- Rentner, die eine Altersrente erhalten
- Sozialhilfeempfänger
- versicherungsfreie geringfügig Beschäftigte

Aber Achtung: Wenn ein Ehepartner dem begünstigten Personenkreis angehört, so kann auch der andere Partner mit einem eigenen Altersvorsorgevertrag gefördert werden, selbst wenn er nicht zum begünstigten Personenkreis gehört. Voraussetzung für die Förderung ist in diesem Fall, dass der berufstätige Partner seinen Sparbeitrag in eine zertifizierte Riester-Rente einzahlt. Der Ehepartner erhält dann ebenfalls die Grundzulage auf seinen Vorsorgevertrag überwiesen und muss keine eigenen Beiträge einzahlen.

Falls nichts anderes vereinbart wurde, wird die Kinderzulage automatisch auf den Vertrag der Ehefrau gezahlt. Auf Wunsch kann sie aber auch auf den Vertrag des Mannes überwiesen werden. Der Gesetzgeber schützt hiermit die Frauen, da diese in der Realität leider oft schlechter abgesichert sind als Männer, vor allem bei einer Scheidung oder dem Tod des Ehepartners kommt dies zum Tragen.

Sollten Sie zu den unmittelbar zulagenberechtigten Personen gehören, dann ist der erste Schritt der folgende Test oder vielmehr die Berechnung anhand Ihrer eigenen Angaben:

Ihr sozialversicherungspflichtiges Bruttojahreseinkommen _____ €
(genauer gesagt aus dem Vorjahr):

   4% des Bruttojahreseinkommens: _____ €

   - Gesamte Jahres-Zulage: _____ €

> *Berechnung der gesamten Jahres-Zulage:*
>
> Grundzulage   154 €
>
> + Grundzulage (Ehepartner): _____ (154 €)
>
> + Kinderzulage pro Kind: (vor 2008 geb.): _____ (185 €)
>
> + Kinderzulage pro Kind: (nach 2008 geb. _____ (300 €)

= Jährlicher Gesamtaufwand _____ €

Gesamte Jahres-Zulage x Laufzeit bis 65. bzw. 67. Lebensjahr:

_____ € x _____ Jahre = _____ € **gesamt mögliche Riesterzulage**

Für die Berechnung Ihres jährlichen Eigenbeitrags nehmen Sie nun 4 % Ihres sozialversicherungspflichtigen Bruttojahreseinkommen und ziehen die gesamte Jahres-Zulage ab. Schon haben Sie Ihren jährlichen Eigenbeitrag. Sehen Sie! So einfach ist es. Auf die steuerliche Absetzbarkeit der Riester-Beiträge wollen wir in diesem Kapitel nicht näher eingehen, das lassen Sie sich bitte von Ihrem Spezialisten persönlich erklären, aber ein Beispiel zur Verdeutlichung soll der Vollständigkeit halber aufgeführt werden:

Alleinstehender Mann, verdient 52.500 € brutto im Jahr und hat somit einen relativ hohen Steuerabzug.

4 % vom sozialversicherungspflichtigen Jahresbrutto:	2.100 €
Grundzulage:	-154 €
Notwendiger Jahresbeitrag:	1.948 €
Steuerliche Absetzbarkeit = Steuervorteil:	728 €

Zusammensetzung der Riesterrente

■ Nettoaufwand in €
■ Steueraufwand in €
■ Zulagen in €

Somit bekommt er 154 € (= Grundzulage) Riesterförderung (entspricht schon 7,3 % Förderquote), aber durch die Steuerrückerstattung aufgrund der steuerlichen Absetzbarkeit erhält er zusätzlich 728 € zurück, was seinen Bruttoaufwand von 1.948 € auf 1.220 € Nettoaufwand im Jahr (mtl. 101,67 €) mindert und eine Gesamtförderquote nach Steuer von 72 % ergibt. Also auf jeden Euro, den er selbst spart, bekommt er 72 Cent Förderung obendrauf!

In der nachstehenden Grafik sehen Sie nun die Zusammensetzung der Riester-Beiträge für 2 Musterbeispiele: unsere Familie Glück und Sabine Pech. Die Riester-
Familie besteht aus einem verheirateten Pärchen mit 2 kleinen Kindern und einem
mittlerem Bruttojahreseinkommen. Unsere alleinstehende Sabine dagegen ist 25
Jahre alt und verdient um die 30.000 € brutto im Jahr. Bei der Musterfamilie kommen insgesamt ca. 90.000 € zusammen, eine entsprechende Verzinsung (klassisch
oder fondsgebunden) noch nicht mitgerechnet. Bei der alleinstehenden Person sind
es ohne Verzinsung knapp 50.000 €.

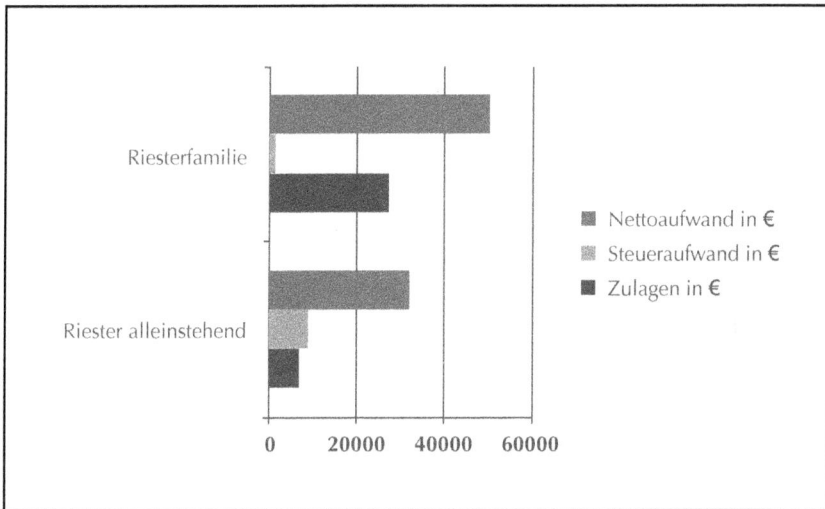

Wenn Sie nun das Prinzip „Riester" verstanden haben, stellen Sie sich vielleicht die
Frage, warum Sie noch nicht „riestern"!? Wenn Sie dies wirklich noch nicht tun,
fragen Sie Ihren Spezialisten für private Altersvorsorge, und bitte fragen Sie wirklich
Ihren Spezialisten!

Wohn-Riester:

Mit dem „Wohn-Rister" wird der Bau, Ausbau oder Kauf einer selbst genutzten Immobilie staatlich gefördert. Er ersetzt die weggefallene Eigenheimzulage und bietet zusätzlich zum Aufbau der Altersvorsorge folgende Möglichkeiten:

• Erwerb von selbst genutztem Wohneigentum
• Renovierung einer Immobilie
• Instandsetzung einer Immobilie
• Umbauten an einer Immobilie (Treppenlift etc.)
• Anbauten an einer Immobilie (Kinderzimmer, Wintergärten etc.)
• Anschlussfinanzierung bei Ablauf eines nicht riestergeförderten Immobilienkredits

Dabei können rückwirkend zum 01.01.2008 insgesamt 100 % des Riester-Guthabens entnommen werden, um damit eine Immobilie, die selbst genutzt wird, zu finanzieren. Ob der Wohn-Riester von der Bevölkerung so schnell angenommen wird, ist noch mehr als fraglich, da die Produkte noch in den Kinderschuhen stecken. Da bei der Riester-Rente das Prinzip der nachgelagerten Besteuerung greift, aber kein Geldbetrag fließt, wird ein fiktives Wohnförderkonto für den Sparer geführt. Dort werden die Zuschüsse und die geförderten Tilgungsraten plus 2 % jährlich an Zinsen vermerkt, bis das Rentenalter erreicht ist. Dann kann gewählt werden, ob die Steuern auf einmal bezahlt werden oder über einen längeren Zeitraum (bis zu 23 Jahren). Bei der einmaligen Zahlung im Rentenalter müssen nur für 70 Prozent des geförderten Kapitals Steuern nach dem individuellen Steuersatz bezahlt werden. Sie sehen schon, einfach ist das nicht!

Zusammenfassung

Zusammenfassend lässt sich also sagen, dass die staatliche Förderung aus zwei Teilen besteht: aus der jährlichen Zahlung einer Zulage, die sich aus einer Grund- und einer Kinderzulage zusammensetzt, und aus der Möglichkeit, die Beiträge als Sonderausgaben bei der Steuererklärung geltend zu machen. Die Grundzulage beträgt ab 2008 154 € jährlich, die Kinderzulage 185 € pro Kind. Für ab dem 1. Januar 2008 geborene Kinder beträgt die Kinderzulage künftig sogar 300 € jährlich. Zu beachten ist, dass die Kinderförderung nur über den Zeitraum gilt, in dem die Familie für das Kind Kindergeld erhält. Entfällt der Anspruch auf Kindergeld, wird die Kinderzulage gestrichen. Ab 2008 wird allen Personen, die das 25. Lebensjahr noch nicht vollendet haben, ein sogenannter Berufseinsteiger-Bonus von einmalig 200 auf den Riester-Vertrag gezahlt. Damit wird die Riesterrente auch für junge Sparer interessant. Der Abschluss einer Riester-Rente kann außerdem zusätzliche Steuervorteile bringen. Für den Sonderausgabenabzug gibt es allerdings einen Höchstbetrag: Maximal 2.100 Euro können jährlich von der Steuer abgesetzt werden.

Die Angebote der Versicherungen zur Riester-Rente bestehen in einer lebenslangen Leibrente mit garantierten Leistungen und einer zusätzlichen Überschussbeteiligung. Bei der Anlage des Vorsorgekapitals steht die Sicherheit im Vordergrund. *„Anders als Banken und Fondsgesellschaften rechnen die meisten Versicherer eine garantierte Rente aus. Wer wie vereinbart spart, weiß bereits zu Vertragsbeginn genau, wie hoch seine Riester-Rente später mindestens ausfallen wird. Einige Lebensversicherer bieten auch fondsgebundene Riester-Renten an. Bei diesen Angeboten werden Teile des Kapitals in Investmentfonds angelegt. Der entscheidende Vorteil hierbei ist, immer zu wissen wie hoch die Rente am Ende sein wird, da bereits bei Vertragsbeginn eine feste Höhe zugesichert wird."* (GDV 2008, S. 8)

Wie lohnend das Riester-Vorsorgesparen mit der beträchtlichen staatlichen Förderung ist, zeigen die von der Zentralen Zulagenstelle für Altersvermögen (ZfA) ausbezahlten Zulagen: Allein zum Auszahlungsstichtag 15. August 2006 flossen 125,8 Millionen Euro an Grund- und Kinderzulagen auf die Zulagenkonten der Riester-Sparer. Damit hat der Staat die Bürgerinnen und Bürger seit Einführung der Riester-Rente mit insgesamt mehr als 1 Milliarde Euro Zulagenzahlungen bei dem Aufbau ihrer Altersvorsorge unterstützt (vgl.: Bundesministerium für Arbeit und Soziales:

http://www.bmas.de/coremedia/generator/9376/2006__08__17__riester__rente__
boomt.html). Ein Anliegen des damaligen Bundesarbeitsministers Walter Riester
war es, Familien mit Kindern die eigenverantwortliche Altersvorsorge mit staatlicher
Hilfe zu erleichtern. In vielen Fällen ist die Zulage vom Staat sogar erheblich höher
als die selbst eingezahlten Beiträge. Eine interessante Vorsorgemöglichkeit ist die
Riester-Rente auch für junge Leute, die einen Einstieg in ihre private Altersvorsorge
suchen, weil diese von der Absenkung des Rentenniveaus aus der gesetzlichen Rentenversicherung besonders betroffen sind. Weil das Vorsorgevermögen von Riester-
Verträgen im Falle von Arbeitslosigkeit vor der vorzeitigen Verwertung geschützt ist
(„Hartz-IV-sicher"), sind Riester-Verträge für alle Arbeitnehmer zusätzlich attraktiv.
Gut verdienende Singles und Beamte machen mit einem Riester-Vertrag ebenfalls
nichts falsch.

Beantragung der Zulagen

Um die staatliche Zulage zu bekommen, muss ein Antrag gestellt werden, mittlerweile reicht es aber aus, diesen einmal zu stellen, alles Weitere übernimmt dann der
Vertragsanbieter. Dann wird die Zulage für ihn jedes Jahr automatisch beantragt. Zu
beachten ist aber, dass der Versicherer über alle künftigen Veränderungen informiert
werden muss, die sich auf die Höhe der Zulage auswirken können, etwa beim Familienstand, bei der Kinderzahl oder beim beruflichen Status.
Und irgendwann ist es dann so weit ...

Mit Beginn des Rentenbezuges dürfen einmalig maximal 30 % des Altersvorsor-
gevermögens aus der Riester-Rente entnommen werden. Das Geld steht zur freien
Verfügung und muss nicht wieder in den Vertrag eingezahlt werden. Diese Leistung
ist beispielsweise für Berufsaussteiger gedacht, die bei Eintritt in den Ruhestand eine
größere Geldsumme brauchen. Neu ist auch, dass Versicherte statt der maximal
zwölf Monatsrenten eine einmalige Jahresrente wählen können.

Entweder werden dann die verbleibenden 70 % verrentet oder, wenn keine vorzei-
tige Teilauszahlung verlangt wurde, das volle Guthaben zu Rentenbeginn. In beiden
Fällen ist zu beachten, dass die Kapitalauszahlungen in voller Höhe der Besteuerung mit dem persönlichen Steuersatz unterliegen (nachgelagerte Besteuerung).

Mindest- und Höchstbeiträge

Ab 2008 beläuft sich der Mindesteigenbeitrag auf 4 % der erzieltensozialversicherungspflichtigen Einkünfte. abzüglich der staatlichen Zulage. Die steuerliche Förderung ist jedoch auf den Höchstbetrag des Sonderausgabenabzugs begrenzt. Ab 2008 sind dies pro Jahr 2.100 € abzüglich Zulage. Für Beamte gilt: Die Besoldungsstelle muss die Höhe des Vorjahreseinkommens zur Ermittlung des Eigenbeitrages im ersten Quartal jedes Jahres an die Zentrale Zulagenstelle für Altersvermögen (ZfA) übermitteln. Hierzu muss der Beamte seiner Besoldungsstelle eine Einwilligung erteilen.

Was gilt für Ehepaare?

Ehepaare, bei denen beide Partner förderberechtigt sind, rechnen ihren jeweiligen Mindestbeitrag getrennt aus. Ist nur ein Ehepartner förderberechtigt, zahlt der Förderberechtigte seinen Mindestbeitrag ein. Um den Mindesteigenbeitrag des förderberechtigten Partners zu ermitteln, werden die beiden Zulagen zusammengerechnet.

DER WEG ZUR RIESTER-RENTE

Schritt 1 – Der Vorsorgevertrag

Riester-Renten werden von den meisten Lebensversicherern und Banken angeboten. Der Vorteil bei Versicherungsprodukten sind eine garantierte Rentenhöhe und eine „qualifizierte" Versicherungsberatung. Denn nur 25 Prozent der Bevölkerung trauen den Banken zu, dass sie ihnen bei der Beratung zu Geldanlage und Vorsorge einen objektiven und fairen Vorschlag unterbreiten (vgl.: Pressemitteilung des AWD). Der Riester-Vertrag sollte daher gemeinsam mit einem versierten Berater besprochen und ausgefüllt werden.

Schritt 2 – Das Zulageverfahren

Die staatliche Zulage gibt es nicht automatisch.

Sie muss über den Versicherer beantragt werden. Am besten ist es, dem Versicherer gleich bei Vertragsabschluss eine Vollmacht zu geben, die Zulage jedes Jahr automatisch zu beantragen. Das ist einfach, bequem und zuverlässig. Die Zentrale Zulagenstelle für Altersvermögen (ZfA) bei der Deutschen Rentenversicherung Bund überweist die Zulage dann direkt an den Versicherer, der sie dem Vorsorgekonto des Versicherten gutschreibt.

Schritt 3 – Der Sonderausgabenabzug

Der Sonderausgabenabzug (Steuervorteil), der zweite Teil der Riester-Förderung, wird im Rahmen der Einkommensteuer geltend gemacht. Dazu muss die „Anlage AV" zur Einkommensteuererklärung ausgefüllt und gemeinsam mit einer Bescheinigung des Versicherers über die eingezahlten Beiträge an das Finanzamt geschickt werden. Für den Sonderausgabenabzug gelten die gleichen Fristen wie für die Abgabe der Einkommensteuererklärung. Das Finanzamt informiert die ZfA jeweils über den eingeräumten zusätzlichen Steuervorteil.

Abschließende Fragen zur Riester-Rente:

Ich möchte meine Riester-Rente später vererben. Was muss ich beachten?

Dies ist grundsätzlich möglich. Allerdings gehen dann bereits gewährte Zulagen und steuerliche Erleichterungen verloren. Die Förderung bleibt nur dann erhalten, wenn der hinterbliebene Ehepartner das Restkapital auf einen eigenen Riester-Vertrag überträgt oder sich das Geld als laufende Hinterbliebenenrente auszahlen lässt. Eine Waisenrente an die kindergeldberechtigten Kinder ist ebenfalls unschädlich.

Ich möchte meinen Lebensabend im Ausland verbringen. Was geschieht dann mit meiner Riester-Rente?

Nach aktuellem Stand müssen gewährte Zulagen und Steuervorteile zurückgezahlt werden. Das übrige Vorsorgekapital bleibt jedoch erhalten.

Kann ich Geld aus meinem Vertrag entnehmen?

Erst bei Eintritt in den Ruhestand können einmalig maximal 30 % des Vorsorgekapitals entnommen werden, ohne die staatliche Förderung zu gefährden.

Ich bin Single, sollte ich trotzdem einen Riester-Vertrag abschließen?

Riester-Renten lohnen sich nicht nur für Familien. Sie bieten auch Alleinstehenden hohe Sicherheit bei attraktiver Rendite. Singles mit gutem Einkommen profitieren von zusätzlichen Steuerersparnissen.

Ist die Riester-Rente auch für ältere Sparer interessant?

Viele Anbieter verzichten auf eine Altersbegrenzung. Wegen ihrer hohen Sicherheit und der staatlichen Förderung lohnt sich die Riester-Rente im Vergleich zu privaten Geldanlagen auch im fortgeschrittenen Alter.

Wann verliere ich meinen Anspruch auf staatliche Förderung?

Immer dann, wenn das Vorsorgekapital nicht mehr für eine lebenslange Rente verwendet wird, die in Deutschland zu versteuern ist. Auch bei einer Kündigung handelt es sich um eine sogenannte „schädliche Verwendung".

Verliere ich meine Ansprüche, wenn ich arbeitslos werde?

Nein, die Riester-Rente ist wie Betriebsrenten vor einer vorzeitigen Verwertung geschützt.

Kann ich über die Riester-Rente auch ein günstiges Darlehen direkt bei meinem Versicherer für meine selbst genutzte Immobilie aufnehmen?

Ja, es gibt einige Anbieter, die in Kombination mit einer Riester-Rentenversicherung auch zinsgünstige Darlehen vergeben.

3.8.2 Rürup-Rente

Nun widmen wir uns Prof. Dr. Bert Rürup und der von ihm benannten Rüruprente. Als ehemaliges Mitglied des Sachverständigenrats zur Begutachtung der gesamtwirtschaftlichen Entwicklung erarbeitete er 2005 ein neuartiges Rentenkonzept, heute bekannt als die „Rürup-Rente" (oder Basisrente). Sie gehört zur ersten Schicht des Drei-Schichten-Modells (s. Kap. 3.2), zu der auch die gesetzliche Rente als Grundversorgung zählt. Entscheidend hierbei ist, dass es (im Gegensatz zu Riester) hier keine Zulagen gibt, dafür aber Steuervorteile. Somit kann man prinzipiell sagen, wenn Sie viele Steuern bezahlen, ist diese Form der Altersvorsorge für Sie durchaus überlegenswert. Bis zu 20.000 € können hier jährlich von der Steuer abgesetzt werden (bei Verheirateten bis zu 40.000 €). Werden zudem beispielsweise auch Beiträge zur gesetzlichen Rentenversicherung oder an ein Versorgungswerk abgeführt, kann für diese Beiträge – sofern sie nicht ohnehin steuerfrei sind – ebenfalls dieser Sonderausgabenabzug genutzt werden. Dies geschieht stufenweise bis 2025. Zur Verdeutlichung nehmen wir als Beispiel eine 25 Jahre alte Frau (unabhängig davon, ob angestellt oder selbstständig) mit einem Spitzensteuersatz von 36 % inklusive Solidaritätszuschlag (diesen wird es vermutlich auch noch bis 2025 geben). Sie spart nun monatlich 300 € für eine Rürprente (wieder unabhängig davon, ob klassische Verzinsung oder fondsgebunden). Für 2010 kann Sie nun 70 % steuerlich wirksam ansetzen. Dieser Prozentsatz steigt Jahr für Jahr um 2 % an bis 100 % im Jahr 2025.

Beispielrechnung:

3.600 € Beitrag (2010) x 70 % = 2.520 € steuerlich ansetzbar
2.520 € x 36 % = 907,20 € Steuervorteil

Da Sie den Steuervorteil bei der Rürup-Rente nach Abgabe Ihrer Steuererklärung verrechnet bekommen, kann man sagen, dass Sie über 3 Monatsbeiträge zurückbekommen: für 2.693 € Nettoaufwand (also sprich 224,40 € im Monat) gehen 3.600 € im Jahr (also sprich 300 € im Monat) in den Altersvorsorgevertrag!

Ähnlich wie bei Riester erzielen Sie in unserem Beispiel eine Förderquote von 25,2 %. Das bedeutet also, pro Euro Eigenbeitrag legt der Staat für 2010 noch mal 25 Cent oben drauf, und von Jahr zu Jahr wird das noch mehr (durch den steigenden Prozentsatz der Absetzbarkeit und wenn sich Ihr persönlicher Spitzensteuersatz durch steigendes Gehalt zusätzlich erhöht!).

Die folgende Aufstellung vermittelt Ihnen einen kleinen Eindruck, wie bei einer fondsgebundenen Variante der Rürup-Rente sich die Kapitalabfindung zusammensetzt. Das Beispiel geht von einem 25-jährigen Selbstständigen aus, der 300 € monatlich in eine fondsgebundene Rürup-Rente investiert und von einer Wertentwicklung von 5 % ausgeht. In der Ablaufleistung von rund 500.000 € steckt somit ein Nettoeigenaufwand von 88.542 €, dies entspricht ca. 175 € Eigenaufwand monatlich.

Zusammensetzung Ablaufleistung

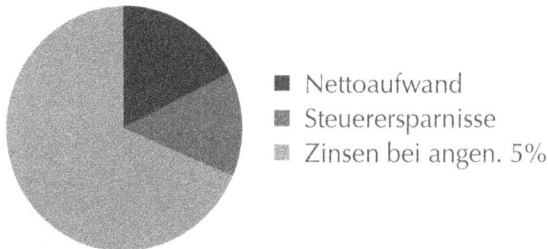

- Nettoaufwand
- Steuerersparnisse
- Zinsen bei angen. 5%

Die Basisrente ist besonders interessant für Selbstständige und viele Freiberufler, aber auch für Angestellte mit einem hohen Steuersatz. Diese Berufsgruppen können die attraktiven steuerlichen Abzugsmöglichkeiten des neu geschaffenen Produktes in voller Höhe nutzen. Bei der Basisrente handelt es sich um eine private Leibrentenversicherung (lebenslange Monatsrente), die bei einem Lebensversicherer abgeschlossen werden kann. Förderberechtigt ist praktisch jeder, der den Sonderausgabenabzug für Altersvorsorgeaufwendungen nutzen kann.

Die Basisrente muss allerdings verschiedene, gesetzlich vorgeschriebene Voraussetzungen erfüllen:

- Der Vertrag muss eine lebenslange monatliche Leibrente frühestens ab der Vollendung des 60. Lebensjahres vorsehen.
- Die Ansprüche aus einer Basisrente sind grundsätzlich nicht vererbbar. Allerdings kann eine Hinterbliebenenrente für den Ehepartner oder für Kinder vereinbart werden.
- Die Ansprüche dürfen ebenso wie gesetzliche Rentenansprüche nicht übertragen, beliehen, veräußert oder kapitalisiert werden. Ergänzend zur Altersvorsorge bieten sich Zusatzbausteine zur Absicherung der Berufs- oder Erwerbsunfähigkeit an. Zur Wahl steht die Vereinbarung von variablen Beitragszahlungen, etwa monatlich oder jährlich, und die Vereinbarung von beitragsfreien Zeiträumen.

Die Basisrente auf einen Blick:

- Lebenslange monatliche Rente
- Garantierte Leistungen
- Auszahlungen frühestens ab Alter 60
- Möglichkeit, Zusatzversicherungen abzuschließen
- Schutz vor vorzeitiger Verwertung bei Arbeitslosigkeit oder Insolvenz

Am Anfang fördert der Staat den Abschluss einer Basisrente über steuerfreie Beitragszahlungen, die schrittweise eingeführt werden. Dann dürfen Beiträge zur Basisrente zusammen mit den Beiträgen zur gesetzlichen Rentenversicherung bis zu 20.000 € (40.000 € bei Verheirateten) als Sonderausgaben vom zu versteuernden Einkommen abgezogen werden. Im Jahr 2008 sind zunächst 66 % der Beiträge steuerfrei, höchstens 13.200 €. Angestellte müssen beachten, dass der steuerlich wirksame Beitrag um den steuerfreien Arbeitgeberanteil zur gesetzlichen Rentenversicherung zu kürzen ist.

Zur Rentenbezugsphase werden die Leistungen aus der Basisrente voll versteuert. Dabei spielt es keine Rolle, ob die Beiträge auf steuerfreien oder bereits versteuerten Einzahlungen beruhen. Die volle Besteuerung greift ab dem Jahr 2040. Wer im Jahr 2008 in Rente geht, muss – vereinfacht dargestellt – 56 % der ausgezahlten Rente versteuern. Dies gilt dann auf Dauer. Dieser steuerpflichtige Anteil erhöht sich für jeden neu hinzukommenden Rentenjahrgang bis 2020 um zwei Prozentpunkte, danach um einen Punkt.

Vorteile

* Die Basisrente garantiert lebenslange Leistungen mit Sicherheit und Rendite (Überschussbeteiligung in Abhängigkeit von der Kapitalmarktentwicklung).
* Sie bietet eine attraktive Möglichkeit, eine staatlich geförderte Altersvorsorge aufzubauen. Für Angestellte als Ergänzung zur gesetzlichen Rentenversicherung und für Selbstständige sowie Freiberufler als Ersatz für die staatliche Rente.
* Der Staat fördert den Abschluss einer Basisrente mit erheblichen steuerlichen Erleichterungen in der Ansparphase.
* Basisrenten bieten die Möglichkeit zu variablen Beitragszahlungen und dazu, zusätzlichen Risikoschutz wie etwa eine Berufsunfähigkeitsversicherung oder Hinterbliebenenschutz in den Vertrag einzuschließen.
* Produkte der Basisrente werden nicht als Vermögen bei der Prüfung zum Bezug von Arbeitslosengeld II berücksichtigt.

Abschließende Fragen zur Rürup-Rente:

Können mit der Basisrente im Todesfall auch Angehörige abgesichert werden?
Als Ergänzung zur eigenen Altersvorsorge kann auch bei der Basisrente ein Hinterbliebenenschutz vereinbart werden. Als Hinterbliebene gelten Ehepartner und Kinder. Stirbt der Versicherungsnehmer, wird das angesammelte Altersvorsorgevermögen bei entsprechender Vereinbarung in Form von Witwen- oder Waisenrenten ausgezahlt.

Welche Steuerregeln gelten für die Beiträge zur Basisrente?
Im Rahmen der Altersvorsorgeaufwendungen können die Beiträge zur gesetzlichen Rente und die Aufwendungen für die neue private Basisvorsorge bis zur maximalen Höhe von 20.00 € (40.000 € bei Verheirateten) von der individuellen Steuerschuld abgezogen werden. Auch hier gilt eine Übergangsregelung bis 2025.

3.8.3 Betriebliche Altersversorgung (BAV) oder „Altersvorsorge zum halben Preis"

Altersvorsorge zum halben Preis? Das hört sich zunächst sehr abstrakt an. Aber sehen wir uns das Konzept der Betrieblichen Altersvorsorge etwas näher an. Stellen Sie sich vor, Sie sparen 100 € im Monat, aber es fehlen Ihnen am Ende nur 50 €. Wäre das nicht eine nähere Betrachtung wert? Das Prinzip funktioniert ganz einfach.

99,99 € Sie kennen bestimmt „de guade oide Direktversicherung", einen der bekanntesten Wege der betrieblichen Vorsorge. Mittlerweile gibt es aber schon mehr als diesen einen Durchführungsweg. Letztendlich beruhen aber alle Modelle auf zwei Möglichkeiten: Entweder Ihr Arbeitgeber zahlt Ihnen eine Altersvorsorge, oder Sie sparen selbst in eine Gehaltsumwandlung. Sollte Ihr Arbeitgeber die Beiträge übernehmen, können Sie sich glücklich schätzen und haben selbst meistens keinen großen Einfluss auf die Art und Weise der Ausgestaltung. Seit dem 1. Januar 2002 darf aber auch jeder in der gesetzlichen Rentenversicherung pflichtversicherte Arbeitnehmer von seinem Arbeitgeber verlangen, dass von seinen künftigen Entgeltansprüchen bis zu 4 % der Beitragsbemessungsgrenze West (2009: 2.592 €) durch Entgeltumwandlung für seine betriebliche Altersversorgung verwendet werden. Unter dem Strich dürfen Sie also gut 100 € monatlich netto für Ihre Altersvorsorge über die Firma aufwenden (steuer- und sozialabgabenfrei). Die Obergrenze vom Gesetzgeber gibt es, weil sonst diejenigen, die es verstanden haben, auf diese Weise zigtausende Euro einsparen würden.
Prinzipiell stellt sich nun die Frage, ob Sie nicht in Zukunft Ihre Beiträge vom Brutto sparen wollen.

Was ist damit gemeint? Folgende Tabelle gibt Ihnen anhand eines Musterbeispiels einen Aufschluss, wie Ihre betriebliche Altersvorsorge beispielsweise in Form der Direktversicherung aussehen kann:

In €	Mit BAV	Ohne BAV	Ersparnis mit der Direktversicherung
Jahresbrutto	30.000 €	30.000 €	
./. jährl. Aufwand für die BAV	1.200 € (100 € mtl.)	0 €	
Gehalt nach Abzug	28.800 €	30.000 €	
Einkommensteuer/ Soli	4.953,14 €	5.346,98 €	393,84 €
Sozialabgaben	5.911,20 €	6.157,56 €	246,36 €
Nettoaufwand für die Direktversicherung			559,90 € (46,65 € mtl.)

* Musterbeispiel nach Grundtabelle, inkl. Kirchensteuer

Ihre Beiträge in diesem Beispiel verteilen sich dann wie folgt:

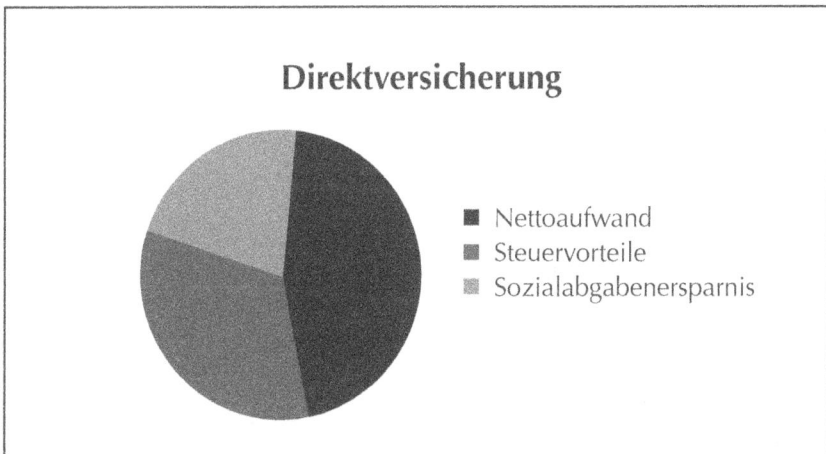

Direktversicherung

■ Nettoaufwand
■ Steuervorteile
▨ Sozialabgabenersparnis

Mit knapp 50 € im Monat können Sie sich also eine Altersvorsorgung schaffen, die es Ihnen ermöglicht, eine zusätzliche Rente oder ein einmaliges Kapital zu bilden. Und das Ganze steuer- und sozialabgabenfrei! Sozusagen die *„Altersvorsorge mit 50 % Rabatt"*. Und Sie müssen hierfür weder einen Antrag beim Finanzamt stellen noch eine Einkommensteuererklärung abgeben.

Folgende Musterberechnung zeigt Ihnen den Unterschied zwischen Ihrem Nettoaufwand, der Kapitalabfindung bei 2,25 % und der Kapitalabfindung inklusive Überschussbeteiligung. Sie sehen also, der dunkle Balken, der Ihren Nettoeigenaufwand verdeutlichen soll, ist im Gegensatz zu Ihrer Ablaufleistung sehr klein, die Rendite in der Betrieblichen Altersversorgung ist oftmals auch unschlagbar.

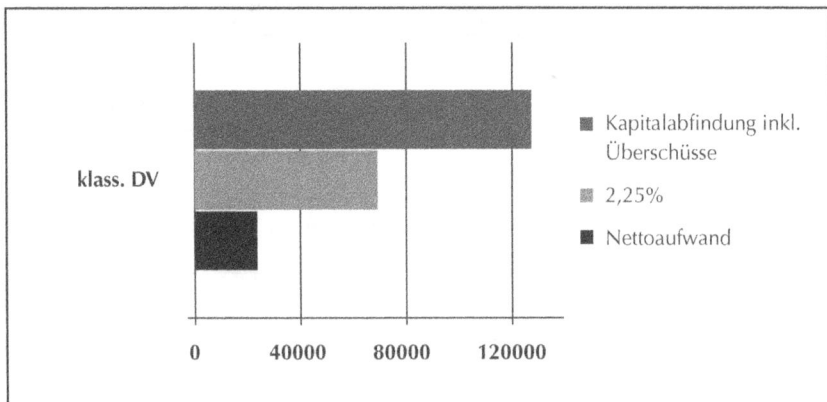

Rente vor 67!

Haben Sie sich denn schon Gedanken gemacht, wie lange Sie arbeiten wollen? Bis 67? Wenn Sie nach 1964 geboren sind, sieht der Gesetzgeber vor, dass Sie bis zu Ihrem 67. Lebensjahr arbeiten. Sollten Sie nun persönlich den Wunsch haben, früher aufzuhören, bietet sich die Betriebliche Altersversorgung als eine Möglichkeit an, um 3 bis 4 Jahre früher in Rente zu gehen, ohne spätere Abschläge bei der gesetzlichen Rente in Kauf zu nehmen. Sprechen Sie Ihren Finanzberater darauf an!

Das Thema ist allerdings so komplex, dass man ein eigenes Buch schreiben könnte, deshalb ist eine umfassende Beratung nicht zu ersetzen. Anbei noch eine Kurzfassung:

Die Betriebliche Altersversorgung auf einen Blick:

Die Direktversicherung

Diese Form der Betriebsrente ist besonders verbreitet und eignet sich vor allem für kleine Betriebe, die keine eigenen betrieblichen Vorsorgesysteme eingeführt haben. Bei der Direktversicherung schließt der Arbeitgeber bei einem Lebensversicherer per Einzel- oder Gruppenvertrag Lebensversicherungen für seine Mitarbeiter ab. Versicherungsnehmer und Beitragsschuldner ist der Arbeitgeber – Begünstigter der Arbeitnehmer. Meist werden die Beiträge vom Mitarbeiter allein übernommen und fließen im Rahmen der sogenannten Entgeltumwandlung aus dem Bruttoeinkommen in die Direktversicherung.

Die Pensionskasse

Pensionskassen sind rechtlich selbstständige Unternehmen. Wie die Direktversicherung gewähren sie den Arbeitnehmern und ihren Hinterbliebenen einen Rechtsanspruch auf die zugesagten Leistungen. Die Versorgung des Arbeitnehmers funktioniert ähnlich wie bei der Direktversicherung.

Der Pensionsfonds

Dieser Durchführungsweg wurde erst 2001 neu eingeführt. Pensionsfonds dürfen ihr Vermögen zu größeren Teilen am Aktienmarkt anlegen als Lebensversicherer. Daraus ergeben sich größere Renditechancen, aber auch entsprechend höhere Anlagerisiken.

Steuerliche Förderung

Seit der Einführung der Riester-Rente im Jahr 2002 wird auch die betriebliche Altersversorgung stärker gefördert. Das Alterseinkünftegesetz hat diese Förderung nochmals verbessert. Danach werden Beiträge in und Leistungen aus Pensionsfonds, Pensionskassen und Direktversicherungen weitgehend gleich behandelt. Die Beiträge, ganz gleich, ob sie vom Arbeitgeber oder vom Arbeitnehmer durch Entgeltumwandlung geleistet wurden, sind grundsätzlich steuerfrei. Nach § 3 Nr. 63 EStG können bis zu 4 % der Beitragsbemessungsgrenze West in der gesetzlichen Rentenversicherung steuerfrei in eine Betriebsrente eingezahlt werden.

Im Jahr 2009 entspricht dies einem Betrag in Höhe von 2.592 €. Dieser Höchstbetrag steigt um weitere 1800 €, wenn der Arbeitgeber die Versorgungszusage nach dem 31. Dezember 2004 abgegeben hat. Sofern die Leistungen auf steuerlich geförderten Beiträgen beruhen, sind diese in der Rentenbezugsphase allerdings voll steuerpflichtig. Die Steuerfreiheit der Beiträge kann auch nur dann in Anspruch genommen werden, wenn die Leistung als lebenslange Rente ausgezahlt wird. Möglich ist eine Teilauszahlung von 30 % des bei Renteneintritt zur Verfügung stehenden Kapitals. Das gesamte Kapital kann nur dann ausgezahlt werden, wenn ein Kapitalwahlrecht vereinbart war. Wer dieses Wahlrecht bereits in der Ansparphase ausübt, kann die Steuerfreiheit für die noch einzuzahlenden Beiträge verlieren.

Sozialversicherungsbeiträge

Für Pensionsfonds, Pensionskassen und Direktversicherungen gilt: Die Beiträge in der Ansparphase unterliegen bis zum Höchstbetrag nicht der Sozialversicherungspflicht. Der Aufstockungsbetrag in Höhe von 1800 € ist in jedem Fall sozialversicherungspflichtig.

4. „Hallo, Herr Kaiser!?"

Was macht ein Versicherungsfuzzi eigentlich heutzutage?

„Hallo Herr Kaiser, gut, dass ich Sie treffe ..."

Günter Kaiser. Der wohl bekannteste Finanzberater Deutschlands. Seit 1972 verkörpert er in diversen Werbespots, Prospekten und Flyern den Beruf des Versicherungsvermittlers und ist damit die dienstälteste Figur der deutschen Werbegeschichte. Aber ebenso wie das Gesicht des Herrn Kaiser veränderten sich auch die Aufgaben eines Versicherungsvermittlers. Vor 30 Jahren standen bei der Beratung andere Themen im Vordergrund als heute, und somit wandelten sich auch die Ansprüche an die Mitarbeiter in der Finanzdienstleistungsbranche. Die ganzheitliche Betrachtung sämtlicher Lebensbereiche wie Gesundheitsvorsorge, Finanzierungen, Absicherung biometrischer und materieller Risiken, Altersvorsorge, Schaffung eines Eigenheims, steht heute im Vordergrund. Günter Kaiser vermittelt nach wie vor sympathisch Glaubwürdigkeit, Kompetenz, Zuverlässigkeit und Seriosität, aber das alleine reicht heute nicht aus, um Mandanten in allen Lebens- und Finanzfragen optimal zu beraten. Die Produkte sind zahlreicher geworden, und ein enormes Fachwissen ist eine der Grundvoraussetzungen, um auch in Anbetracht der gesetzlichen Rahmenbedingungen den Ansprüchen der Mandanten gerecht zu werden.

Ein Finanzberater versucht heutzutage das komplexe Zusammenspiel von Versicherungen und Finanzen, bezogen auf Ihre individuelle Situation, in ganzheitlicher Sicht zu betrachten – nicht nur scheibchenweise. Die einzelnen Aspekte, von der Finanzierung über die Absicherung Ihres Eigentums und Ihres Lebens bis hin zur Vermögensbildung und dem Ausschöpfen steuerlicher Vorteile und staatlicher Förderung, werden bei der Erarbeitung von Lösungsansätzen ebenso mit einbezogen wie Ihre ganz individuellen finanziellen und versicherungstechnischen Belange. Aus diesem Grund sollten Sie Ihre Finanzen in die Hände eines Spezialisten legen, der so ein optimales und ganzheitliches Konzept erstellen kann. Dies sollte nach Möglichkeit einem Berater anvertraut werden, denn Sie kennen bestimmt das Sprichwort: *„Viele Köche verderben den Brei"*. Da die meisten Menschen auf diesem Gebiet eher Laien sind und den Teufel im Detail nicht immer kennen, kann es eben passieren, dass manche Dinge doppelt versichert sind, die eine oder andere Zulage nicht ausgeschöpft oder gar nicht beantragt wurde und essenziell wichtige Versicherungen schlichtweg vergessen werden.

In vielen anderen europäischen Ländern hat der Versicherungsvermittler, -vertreter oder -fuzzi, wie er hierzulande auch gerne genannt wird, ein deutlich höheres Ansehen, gleichwertig mit einem Rechtsanwalt oder Notar. Bei *„uns Deutschen"* denkt man da eher noch an den *„Klinkenputzer"* oder an den *„Treppenterrier"*. Dieses Image wird und muss sich auch in den nächsten Jahren entscheidend verändern. Dafür wurden auch bereits EU-weit vor einigen Jahren die ersten Weichen gestellt, indem gewisse Mindestanforderungen an Ausbildungsniveau, Fachqualifikationen, geordnete finanzielle Verhältnisse sowie eine *„saubere Weste"* die Vorraussetzungen für die Arbeit in diesem Beruf sind. Da eine Person alleine allerdings nie alles wissen kann, arbeitet ein professioneller Finanz-Profi in einem Netzwerk aus Spezialisten. So kooperieren viele Vertreter mit einem Finanzierungsprofi, der wiederum die Angebote der verschiedenen Banken vergleichen und so einen vollen Mehrwert schaffen kann. Das Portfolio, das in einem ganzheitlichen Finanzkonzept im Idealfall überblickt werden sollte, umfasst folgende *„kleine Auflistung"*:

• Analyse der persönlichen Gesamtsituation
 (Familienstand, Berufsstatus, Alter, etc.)
• Berücksichtigung der Sozialversicherungswerte
• Betrachtung der aktuell bestehenden Versicherungen und Auswertung
• Konzept für ein ganzheitliches Altersvorsorgekonzept
 (Renteneintrittsalter, Rentenhöhe, Inflation, Immobilienwerte, etc.)
• Ausschöpfen und Beantragung staatlicher Zulagen
• Informationen über steuerliche Aspekte (Riester, Rürup, BAV,
 Absetzbarkeit der gesetzlichen Rentenversicherungsbeiträge)
• Finanzierung, Bausparen
• Vermögenswirksame Leistungen
• Kapitalanlagen jeglicher Art
• Bedarfsanalyse und Konzeption von Lösungsansätzen
• Notwendige Versicherungsabsicherungen
• Betrachtung der finanziellen Gesamtsituation

Für weitere Informationen und tiefergehende Fragen suchen Sie Ihren Spezialisten auf oder gehen Sie ins Internet auf **www.tobias-killer.de!**

5. Quellenverzeichnis:

Meyer, Daniela (2009): London wird sich schnell erholen. uro am Sonnatg (Ausgabe vom 11./12.April 2009), S. 10f

Mühlauer, Alexander / Hagelüken, Alexander (2008): Der 27 Millionen-Dollar-Po. In: http://www.sueddeutsche.de/finanzen/artikel/606/157188/ (Abrufdatum: 03.12.2008)

Autor unbekannt (2009): Teure Naturkatastrophen. In: Focus Money 3/2009, Focus Magazin Verlag GmbH

Eichler Jens (2009): Sie werden gebraucht wie nie zuvor. In: HM-Profil 06/2009, Buch & Druck, Brönner und Daentler GmbH, Eichstätt

GDV, Autor unbekannt (2008): Risikoschutz und Existenzsicherung – Die private Berufsunfähigkeitsversicherung. Verlag Versicherungswirtschaft GmbH (Stand Mai 2008)

GDV, Autor unbekannt (2007): Private Haftpflichtversicherung – für den Schaden geradestehen. Verlag Versicherungswirtschaft GmbH (Stand März 2007)

Hartmann, A. / Schickling T. (2009): Patient erster Klasse. In: Focus Money 17/2009, Focus Magazin Verlag GmbH

Eichler, Jens (2008): Spätestens bei der Pflege reicht das Geld nicht mehr! In: HM-Profil 10/2008, Buch & Druck, Brönner und Daentler GmbH, Eichstätt

Schelauske, Kay (2008): Pflegerisiko rechtzeitig absichern. In: FondsExklusiv. 03/2008, FONDSMAGAZIN Verlagsgesellschaft m. b. H.

Simons, Heinz-Josef (2008): 25 Prozent plus X. In: FondsExklusiv Nr. 4/2008, Fondsmagazin Verlagsgesellschaft m.b.H.

Ermisch, Steffen / Gronwald, Silke / Heflik, Roman / Schnyink, Doris (2007): Wer pflegt uns, wenn wir alt sind? In: Stern 44/2007

Meier, Heinz-Peter (2002): Versicherungen betrügen – ein abgeschlossener Roman. In: Versicherungen betrügen – aber richtig. Schnell reich auf Kosten anderer. Books on Demand GmbH, Frankfurt am Main

Lüders, Christine / Lüders, Harald (2003): Welcher Spartyp sind Sie. In: Im Armani zum Aldi! – Das Sparbuch für Lebenskünstler und Genießer. Fischer Taschenbuch Verlag, Frankfurt am Main

Spitra, Katrin (2008): Hauptsache sicher. In: http://www.stern.de/wirtschaft/finanzen-versicherung/finanzen/641636.html (Abrufdatum: 10.03.2009)

Müller, Werner & Wenzl, Ursula (2007): Die Steuer-Spar-Rente. In: FocusMoney 25/2007, FOCUS Magazin Verlag GmbH

Eichler, (2008): Lebensversicherung – nichts ist jetzt sicherer. In: HM-Profil 11/2008, Buch & Druck, Brönner und Daentler GmbH, Eichstätt

Schild, Günther: Bundesrepublik Deutschland – Finanzagentur GmbH. In: FocusMoney 43/2008, FOCUS Magazin Verlag GmbH, S. 17

Eichler, Jens (2009): Millionär per Zufall. In: HM-Profil 05/2009, Buch & Druck, Brönner und Daentler GmbH, Eichstätt

Evensen, Daniel (2009): Chancen, Chancen, Chancen! In: FondsExklusiv 01/2009, Fondsmagazin Verlagsgesellschaft m.b.H.

Yifu Lin (2008): Chinas Wachstum wird weitere 30 Jahre anhalten. Pressemitteilung der Universität Hohenheim, 19.02.2008

Jacobs, T. / Schömann-Finck, C. / Schwane, F. (2009): Zurück auf Los? In: FocusMoney 05/2009, FOCUS Magazin Verlag GmbH

Bieker, Christian / Voss, Markus (2009): Deutsche Bank – Das Erdbeben. In: FocusMoney 05/2009, FOCUS Magazin Verlag GmbH

Grüner, Thomas (2008): Die wertlose Garantie. In: Fonds Exklusiv 4/2008, FONDSMAGAZIN Verlagsgesellschaft m.b.H.

Ruh (2009): Die Finanzkrise erschüttert selbst Dax-Konzerne. In: Frankfurter Allgemeine Zeitung vom 27.01.2009, S. 19

Gunkel, Alexander (2008): Die Erwerbsminderungsrenten: Entwicklungen und Perspektiven. Deutsche Rentenversicherung Bund

Goos, Hauke / Hoppe, Ralf (2009): Das Depot. In: Der Spiegel Nr. 27/2009, Spiegel-Verlag Hamburg

Autor unbekannt (2009): Bankberater fallen im Test schon wieder durch. In: Bild-Bundesausgabe vom 30.06.2009, S. 4

GDV, Autor unbekannt (2008): Die Riester-Rente. Verlag Versicherungswirtschaft GmbH (Stand September 2008)

Pöpsel, Frank (2008): Abgeltungssteuer nicht mit mir. In: FocusMoney. 01/2008, FOCUS Magazin Verlag GmbH

Links:

http://www.mosaik911.de/html/versicherungsbetrug_.html
http://www.bpb.de/wissen/G46JLT,0,Entwicklung_des_Rentenniveaus.html
http://de.wikipedia.org/wiki/Arbeitsunfall
http://www.bvi.de/de/presse/pressemitteilungen/presse2007/pm250607/pm250607.pdf
http://www.auto-motor-und-sport.de/service/kfz-versicherung-wie-lange-lohnt-die-vollkasko-704768.html
http://www.sozialgesetzbuch.de/gesetze/07/index.php?norm_ID=0700800
http://www.nachhaltigwirtschaften.net/scripts/basics/eco-world/wirtschaft/basics.prg?a_no=2351
http://www.rentenpilot.com/netbuilder/templates/tpl02.php?ide=ad2001-08-16-0701
http://www.spiegel.de/wirtschaft/0,1518,296496,00.html
http://www.stern.de/wirtschaft/finanzen-versicherung/finanzen/641636.html
http://www.forium.de/redaktion/forsa-umfrage-vertrauen-in-banken-dahin/
http://www.steuerthek.de/tippsurteile/tipp0202.htm
http://www.faz.net/s/RubF3F7C1F630AE4F8D8326AC2A80BDBBDE/Doc~EE4D2AF561699 4F1AB24A7207E75DB9F1~ATpl~Ecommon~Scontent.html
http://www.hamburg-mannheimer.de/HMOnline/Deutsch/Produkte-neu/Privatkunden/Unfall/_Einstiegsseite.htm
http://www.hamburg-mannheimer.de/HMOnline/Deutsch/Produkte-neu/Privatkunden/Berufsunfaehigkeit/Vorteilsinfo.htm
http://de.statista.org/statistik/daten/studie/1046/umfrage/inflationsrate-%28veraenderung-des-verbraucherpreisindexes-zum-vorjahr%29/
http://www.versicherungsjournal.de/mehr.php?Nummer=98974 (letzter Aufruf: 28.02.2009)
http://www.wdr.de/themen/politik/nrw02/60_jahre_nrw/zukunft/index.jhtml?pbild=1
http://www.crp-infotec.de/10Grafs/01deu/finz/bundeshaushalt2008.gif
http://www.versicherungsjournal.de/mehr.php?Nummer=98974 (letzter Aufruf: 05.02.2009)
http://www.focus.de/finanzen/versicherungen/lebensversicherung/lebensversicherungen-unter-der-lupe_aid_247222.html?interface=table&id=247222&ao_id=95201
http://www.versicherungsjournal.de/mehr.php?Nummer=98588 (Georisiken)
http://www.cecu.de/1017+M53c0ca91e80.html

Bilder:

S. 09 knackiger hintern © snapshot / *Fotolia.de*

S. 11 Money Money Money © Bobby4237 / *Fotolia.de*

S. 22 kalulation © FrankU / *Fotolia.de*

S. 27 diversity © Franz Pfluegl / *Fotolia.de*

S. 29 terror © Thaut Images / *Fotolia.de*

S. 32 health © Franz Pfluegl / *Fotolia.de*

S. 34 car accident © vb_photo / *Fotolia.de*

S. 38 visiting nursing home © James Steidl / *Fotolia.de*

S. 41 under construction © Alexey Klementiev / *Fotolia.de*

S. 47 patientin in klinik © drubig-photo / *Fotolia.de*

S. 53 Life buoy © Orlando Florin Rosu / *Fotolia.de*

S. 56 woman with new car and key © godfer / *Fotolia.de*

S. 55 crash with bike © Marina Bartel / *Fotolia.de*

S. 61 Friedhof © Gerisch / *Fotolia.de*

S. 64 A doctor holding an old woman's hand - part of a series. © Sandor Kacso / *Fotolia.de*

S. 70 The house in human hands © Andrey Armyagov / *Fotolia.de*

S. 75 car destroyed © Scott Leman / *Fotolia.de*

S. 76 ruine © Frank-Peter Funke / *Fotolia.de*

S. 78 Baufinanzierung © Klaus Eppele / *Fotolia.de*

S. 80 hochbau © Udo Kroener / *Fotolia.de*

S. 86 get tired with hard working © pressmaster / *Fotolia.de*

S. 91 forêt - forest © Michael / *Fotolia.de*

S. 98 Tasty hamburger on white background © Andre / *Fotolia.de*

S. 101 renterin © Ramona Heim / *Fotolia.de*

S. 103 Pause machen © alephnull / *Fotolia.de*

S. 111 Altersvorsorge © Sergej Toporkov / *Fotolia.de*

S. 120 euro money © dinostock / *Fotolia.de*

S. 130 hund, frau und mann haben spass © falkjohann / *Fotolia.de*

S. 145 Chart showing bad things © Paul Fleet / *Fotolia.de*

S. 146 Wall Street © Benjamin Haas / *Fotolia.de*

Stefan Zinsbacher: Seiten 19, 21, 25, 48, 84, 155

Tobias Killer: Seiten 136, 143, 151

Bibliografische Information der Deutschen Nationalbibliothek. Die Deutsche Nationalbibliothek verzeichnet diese Publikation in der Deutschen Nationalbibliografie; detaillierte bibliografische Daten sind im Internet über **http://dnb.d-nb.de** abrufbar.

ISBN: 9-783941-412149

Impressum:

Verlag:
2bepublishing - 2BE GmbH
Oskar-von-Miller-Ring 33
80333 Munich
Germany

www.2beknown.de

Autor: Tobias Killer
Verlagsverantwortliche:
Alexander Riedl, Rainer von Massenbach, Tobias Schlosser
Layout, Design und Covergestaltung: Stefan Zinsbacher
Lektorat: Bernhard Edlmann

www.ingramcontent.com/pod-product-compliance
Lightning Source LLC
Chambersburg PA
CBHW070401200326
41518CB00011B/2017